Vida después de la MUERTE

Nacer, nacer de nuevo...
(TRANSMIGRACIÓN)

Vida después de la MUERTE

Nacer, nacer de nuevo...

(TRANSMIGRACIÓN)

RAMANUJ PRASAD

1a. edición, noviembre 2009.

Nicolás San Juan 1043, Col. Del Valle. 03100, México, D.F.
Tels. 5575-6615 • 5575-8701 y 5575-0186
Fax. 5575-6695
http://www.grupotomo.com.mx
ISBN-13: 978-607-415-145-9
Miembro de la Cámara Nacional
de la Industria Editorial No. 2961

Traducción: Luigi Freda Eslava
Diseño de portada: Karla Silva
Formación tipográfica: Francisco Miguel M.
Supervisor de producción: Leonardo Figueroa

Este libro se publicó conforme al contrato establecido entre *Pustak Mahal®* y *Grupo Editorial Tomo, S.A. de C.V.*

Impreso en México - *Printed in Mexico*

Dedicatoria

Una flor a los pies de loto del Señor de los sentidos.

Hṛśīkeśa

Invocación

पुनरपि जननं पुनरपि मरणं
पुनरपि जननी जठरे शयनम
इह संसारे बहुदुस्तारे
कृपया पारे पाहि मुरारे
भज गोविन्दं

¡Nacimiento incesante! ¡Muerte incesante!
¡Incluso pasar por el vientre de una madre!
Es difícil cruzar el ancho océano del mundo;
¡Señor, redímeme mediante tu clemencia!
Venera al Señor.

Transliteración de Devanāgarī

अ	a	क	k	ट	ṭ	प	p	ष	ṣ
आ	ā	ख	kh	ठ	ṭh	फ	ph	स	s
इ	I	ग	g	ड	ḍ	ब	b	ह	ḥ
ई	i	घ	gh	ढ	ḍh	भ	bh		
उ	u	ङ	ṅ	ण	ṇ	म	m		
ऊ	ū	च	c	त	t	य	y		
ऋ	ṛ	छ	ch	थ	th	र	r		
ए	e	ज	j	द	d	ल	l		
ऐ	ai	झ	jh	ध	dh	व	v		
ओ	o	ञ	ñ	न	n	श	ś		
औ	au								

Lista de Abreviaturas

1.	BG	Bhagavad Gita
2.	Bh.	Bhagavata Purana
3.	Br.	Brhadaranyaka Upanisad
4.	Br. Vvp.	Brahmavaivarta Purana
5.	G. Purana	Garuda Purana
6.	PP.	Padma Purana
7.	Tai.	Taittriya Upanisad
8.	Katha	Kathopanisad
9.	Kena	Kenopanisad

Contenido

Introducción

कर्मणो ह्यपि बोद्धव्यं बोद्धव्यं च विकर्मणः ।
अकर्मणश्च बोद्धव्यं गहना कर्मणो गतिः ॥

"La muerte es segura para aquello que nace; el nacimiento es seguro para aquello que está muerto. Por lo tanto, no deberías lamentar lo inevitable".

B. G. 2-27

Cuando un cuerpo evita funcionar en forma adecuada y se desintegra en sus elementos constituyentes, a esta modificación se le llama muerte. Pero cuando otro cuerpo surge de repente de la misma materia, es el nacimiento que contiene la fuerza impulsora inherente conocida con el nombre de "**deseos**", que conducen de nuevo a las actividades mundanales de la vida. El nacimiento y la muerte son los dos puntos de la circunferencia de la rueda del universo. Nuestra salud está limitada por estos dos puntos, nada más allá; y si existe algo después de estos dos puntos, es algo desconocido o especulativo, si no basamos nuestra comprensión en la visión de la verdad de las escrituras.

El nihilismo profesa que un individuo retiene su individualidad mientras exista la fuerza operativa y que esta llamada individualidad tiene sentido al pasar por el nacimiento y la muerte. Después de quemarse el combustible del *karma,* se apaga la flama, y ése es el final del ciclo y también el final del hombre. La escuela de los ateos tiene el punto de vista sobre el nacimiento y la muerte como fenómenos naturales de la modificación, comparándolos con trozos de arcilla en los ríos. Se asume que el cuerpo pasa por el cambio, el cambio que es inherente al cuerpo, que el cuerpo es materia y que la materia continúa avanzando en un flujo de modificaciones.

Sin embargo, el nacimiento y la muerte son asuntos serios y su misterio se ha debatido en el pasado y seguirá siendo el tema también en el futuro; existe incluso en el presente ya que la existencia del futuro depende del presente. Algunas personas evitan hablar de la muerte, ya que temen enfrentar el hecho de la vida. La liebre evita mirar el peligro, mejor mete la cabeza en la maleza para convencerse de que está segura.

Todos los días mueren miles de personas pero no pensamos ni un instante que también tenemos que morir. Continuamos con nuestra rutina sin que nos afecte. Ésta fue la sabiduría que expuso los pensamientos humanos mediante Dharmaputra *Yudhishtira* en su contestación a *Yaksa*. Una de las preguntas que hizo *Yaksa* a *Yudhishtira* fue "¿Qué es lo más maravilloso de todo el mundo"? La respuesta de *Yudhishtira* fue ésta: "Todos los días y día tras día, mueren muchos seres humanos. Pero no pensamos en la muerte, pensamos que nunca vamos a morir. ¿Qué puede ser más maravilloso que esto?"

Algunas personas creen que la muerte es maligna y que Satán es el autor. Sin embargo, vamos a considerar que la muerte trae el fin del viaje a uno de los lugares, de manera que no es un alto total como un punto, sino como una coma. De acuerdo a la ciencia, hay dos tipos de muerte, uno es de la vida consciente y el otro es el de la vida orgánica o celular, que no depende del primero. La muerte vive con todos sus misterios y su condición de ser sagrada. No estamos capacitados de ninguna forma para presentar lo que es la vida, mucho menos lo que es la muerte cuando investigamos diferentes condiciones como el coma, la detención del latido cardiaco, la detención del pulso o la respiración. Pero la última palabra de la ciencia sobre la muerte es la descomposición y putrefacción ya que hemos encontrado casos de entierros y embalsamamientos prematuros, registrados en publicaciones médicas del mundo por pérdida o suspensión de la conciencia. De manera que la ley es llevar a cabo el enterramiento sólo después de que se inicia la descomposición.

También se cree que las fuentes de conciencia y mente son indestructibles, y así también es la vida. La vida es indestructible desde el punto de vista de la fuerza vital, el *prana*. Es el *prana* macro que se puso como micro. Lo micro se unió a lo macro. La validez depende del significado de la muerte. No existe significado en rezar por una paz eterna a menos que haya continuidad de la existencia incluso después de la muerte, lo cual es un tema central de diálogo ente el estudiante Naciketas y el maestro, el Señor de la Muerte mismo.

La vida presente tiene justificación en la medida en que logra romper el cautiverio. El alma encarnada continúa pasando de un cuerpo a otro hasta su liberación, cuando ya no requiere más experiencias. Es descubrir que sabe todo lo que se debe saber, y así, la muerte es el proceso de enriquecimiento mediante el cambio para mejorar. El nacimiento y la muerte son el esquema de la existencia y el logro. En el área espiritual, enseña la gran lección del desprendimiento.

La transmigración presupone la existencia del alma. ¿Qué sucede con los cuerpos que toma uno tras otro? El cuerpo es la materia que no se puede crear o destruir y que está sujeta sólo a modificaciones. No hay significado para el cuerpo sin el alma, y así, el alma es la causa de la existencia del cuerpo. La causa siempre está presente en el efecto, el cuerpo, antes, durante y después, al igual que la arcilla en la olla. Todos los cuerpos que llegan a manifestarse deben estar disponibles en forma no manifiesta a disposición del alma para usarse como su descendencia, lo que significa que el alma misma hace que esté disponible el cuerpo que desea de acuerdo a su elección, gobernado por la ley del *karma*. El *Vedānta* enseña que uno debe prepararse mediante investigación, el remedio contra el miedo a la muerte, de manera que se produce una realización, no una destrucción, cuando muere una persona desarrollada en el aspecto espiritual... su muerte es fácil y sin obstáculos, mientras que una persona mal desarrollada pasa por temor, conmoción y agonía. Aunque la persona moribunda parece inconsciente en el exterior, en el interior está totalmente consciente y experimenta la transición de la vida presente a la siguiente.

La transmigración es una conjunción de dos entidades separadas: el cuerpo [materia] y el alma [espíritu], y aquí se revela la relación que tienen entre sí:

"[El ser] no nace ni muere en ningún momento. Y el espíritu no vuelve a existir mediante nacer. El Ātma en sí carece de nacimiento, es constante, eterna y antigua; no muere cuando se mata al cuerpo".

"Al igual que una persona se quita la ropa vieja y se pone ropa nueva, el ser encarnado se quita los cuerpos decrépitos y entra a nuevos".

El punto culminante en esta relación es la preexistencia y la posexistencia del alma; los cuerpos se someten a modificación, no el alma en ningún punto del tiempo; ésta se encuentra más allá del tiempo.

El autor deja constancia de su sincera y profunda gratitud a Sri G. Ramamurthy por la invaluable ayuda y asistencia que brindó a esta obra, sin reserva alguna.

Capítulo I

Presencia eterna

Capítulo I

Presencia eterna

Pensamientos y creencias Orientales (Parte I)

Śruti: Este verso del *Kathopanisad* es tan directo y simple que es difícil encontrarlo en otra parte. Dice: "Si aquí [en esta vida] uno puede comprenderlo [a Brahman], antes de la muerte del cuerpo, se liberará del cautiverio del mundo; si uno no puede comprenderlo, entonces tiene que tomar un cuerpo de nuevo en el mundo de la creación". *Katha* VI-IV.

La declaración anterior también muestra con claridad la idea de que la muerte es sólo para el cuerpo. Ahora vamos a ver lo que el *Kenopanisad* dice: "Si uno conoce [a Brahman] aquí [es decir, en este mundo], entonces se [logra] el verdadero fin [de todas las aspiraciones humanas]. Si uno no sabe [eso] aquí, grande es la destrucción".

Kena II-V.

La destrucción es señal de nacimiento y muerte en diversos *lokas* [*yoni*], y así, de las miserias de *samsāra,* que es dolor, placer y modificaciones del cuerpo mortal. Por lo tanto, es imperativo hacer realidad el Brahman, es decir, la unidad del Ser o la unidad de *Ātman* en todo y llegar a ser inmortal, lo que es señal de llegar a ser Brahman en sí. Llegar a ser no está en el sentido literal, sino que significa "como si", lo que significa que saber es llegar a ser.

Se ha tomado la tercera ilustración para enfatizar los términos técnicos en las cinco oblaciones, que se comentan en el Capítulo III. "Hay un Ser Supremo en medio de este universo. Él mismo es el fuego que está totalmente establecido en el agua [cuerpo]. Al conocerlo sólo a Él, uno va más allá de la muerte, no hay otro camino para avanzar". Sólo aquél, que es capaz de destruir la causa del cautiverio, logrará la liberación. Aquí el universo significa tierra, cielo y todo espacio intermedio. Él es fuego ya que hace arder la ignorancia. Es sutil en el agua que formó el cuerpo. Así se dijo: "Por lo tanto, de hecho después de la quinta oblación, el agua llega a ser llamada persona. Se purificó el salibe en el corazón como agua pura mediante sacrificio y caridad. ['Tú eres Eso', es la idea]".

Smriti [Bhagavad Gita]

El bendito Señor dijo: "*Muchos son los nacimientos que hemos tenido tú y yo, ¡Oh Arjuna!, los conozco todos mientras que tú no sabes, ¡Oh Partha!*".

Las almas atadas nacen para resolver su *karma*, mientras que el Señor está más allá del *karma*. En este contexto, el *jiva* es Arjuna.

El noveno verso de este cuarto capítulo dice: "*Quien conoce Mi divino nacimiento y acción en su luz verdadera, después de dejar el cuerpo, no vuelve a venir sino que viene a Mí, ¡Oh Arjuna!*".

El *Isvara* nonato tiene una apariencia de nacimiento y crecimiento gracias a su poder divino que es la entidad no actuante, escenifica actividades sagradas para el bien del mundo. Estas personalidades puras, que comprenden estos hechos sobre el Señor, viven en el mundo sin ser afectadas y después de la muerte no vuelven, logran la liberación del ciclo de nacimiento y muerte.

Purānas: ¿Cuál es el punto de vista de los Purānas en el tema de la transmigración del alma?

La base de los *Purānas* descansa en este preciso concepto. Todas las leyendas avanzan mediante repuntes, reacciones y renacimientos. El renacimiento, el infierno y el cielo son los instrumentos con que los *Purānas* actúan para disciplinar el estilo de vida del individuo y de los grupos. Por lo tanto, es incluso difícil concebir los *Purānas* sin el concepto de renacimiento, es decir, la transmigración. Por ejemplo, Yaia y Viyaia de los *devaloka* descendieron como Jiraniaksha-Jirania Kashipú y Rāvana-Kumbhákarna. La madre Satí misma tuvo una reencarnación como Pārvatī. Podríamos ver algunos fragmentos de los Purānas en páginas posteriores.

Cāruvākas

Cāruvākas, la filosofía materialista no admite al ser de poder sobrenatural [dios] y su imparcialidad ya que no ven [una percepción directa] y, por lo tanto, concluyen que nada existe después de la muerte del cuerpo. *Karma* no es funcional y es una simple ilusión. Todo se deriva de los elementos y es la fuerza inherente. La percepción directa produce el verdadero conocimiento y en consecuencia, los *Vedas* no pueden ser una fuente válida de conocimiento. La vida significa lograr los máximos placeres. Cāruvākas acepta sólo cuatro elementos, ya que el éter no se puede ver. La conciencia es un simple producto de la materia. Cuando la materia se acomoda en un orden particular, surge la Conciencia, con lo que muestra señales de vida en el cuerpo. Cāruvākas niega la existencia del alma, *Ātma*, como algo que sobrevive o transmigra. Niegan los nacimientos pasados o futuros. Tampoco se acepta que el feto está dotado de Conciencia.

El Materialista Ajita denunció los valores morales

"No existe nada que sea limosna, sacrificio u ofrenda. No existen frutos ni resultados de acciones buenas o malignas. No existe algo que sea este mundo o el otro. No hay padre ni madre, ni seres que surgen a la vida sin ellos. No existen en el mundo ermitaños ni brahmanes que hayan alcanzado el punto más elevado, que caminen con perfección y, que después de comprender por ellos mismos este mundo y el otro, den a conocer su sabiduría a otros".

Pūrana Kassapa enseñó la teoría de la no acción [akriya]. Sostenía que sin importar que tan mala acción llevara a cabo un hombre, no cometía pecado.

"Al que actúa o causa que otro actúe, al que mutila o causa que se mutile, al que castiga o causa que otro castigue, al que causa pesar o tormento, al que tiembla o causa que otros tiemblen, al que mata a un ser vivo, al que toma lo que no es dado, que entra a la fuerza a casas, que comete asaltos, actúa como *dacoit* o ladrón de carreteras, o comete adulterio, dice mentiras, al que actúa así no hay culpabilidad. Si con un disco que tenga un borde cortante como navaja, matara a todos los seres vivientes en la Tierra, una masa de carne, no habría culpabilidad que resultara de eso, ni le seguiría un aumento de la culpabilidad".

Sin embargo, que un hombre pueda llevar a cabo una buena acción, no logra ningún mérito. "En la generosidad, en el autocontrol, en el control de los sentidos, en decir la verdad, no hay mérito ni aumento del mismo".

"Si recorriera la margen sur del Ganges golpeando y matando, mutilando y haciendo que mutilen a los hombres, oprimiendo y haciendo que se oprima a los hombres, no habría culpabilidad que resultara de eso, ni le seguiría un aumento de la culpabilidad. Si fuera por la margen norte del Ganges dando limosnas y ordenando que se dieran dádivas, ofreciendo sacrificios o causando que se ofrecieran, no habría mérito que resultara de eso, ningún aumento del mérito".

Otro materialista muy conocido fue Brihaspati [fecha desconocida]. Se dice que compuso una obra nihilista [*sutra*], que ha desaparecido. Se le atribuye un poema que denuncia a los sacerdotes como sigue:

No existe el cielo, ni la liberación final,
tampoco el alma, ni el otro mundo, ni ritos de
casta...
El triple Veda, el triple autocontrol,
y todo el polvo y cenizas del arrepentimiento.
Esto produce un medio de vida para hombres
desprovistos de intelecto y hombría...
Mientras la vida soporta, deja que la vida se
emplee en relajarse
y diversión;
los costosos ritos impuestos para los que
mueren
sólo son medios de vida planeados
por la astucia sacerdotal, nada más...

"Los tres autores de los Vedas fueron bufones, truhanes y demonios".

"Es sólo como medio de vida que los *brahmanes* han establecido aquí todas esas ceremonias para los muertos".

"Mientras la vida dura, deja que el hombre viva feliz, deja que se alimente con ghi, incluso si se endeuda; una vez que el cuerpo se vuelva cenizas, ¿cómo puede volver jamás?"

Materialistas posteriores, también de la India, dijeron más o menos lo mismo. El filósofo Gosala, abogaba por el indeterminismo.

"No hay causa, ya sea última ni remota, para la depravación [estado de ser corrupto] de los seres; se vuelven depravados sin razón y sin causa alguna. No hay causa, ni próxima ni remota, para la rectitud de los seres; se vuelven puros sin razón y sin causa. El logro de cualquier condición dada, de cualquier tipo, no depende de nuestros propios actos o de los actos de otros, o del esfuerzo humano. No existe algo como poder o energía, fuerza humana o vigor humano.

"Los hombres se inclinan hacia este lado y a aquel por su destino, por las condiciones necesarias de la clase a la que pertenecen, por su naturaleza individual y es de acuerdo a su posición en una u otra de las seis clases que experimentan relajamiento o dolor".

[*El punto de vista de los materialistas es el punto de vista del grupo arrogante y lleno de prejuicios, que ocultan su odio hacia los Vedas y los brahmanes [los conocedores de los Vedas]. No vale la pena refutar estos argumentos.*]

Jainismo

El jainismo enseña que la meta de la vida es liberarse de los deseos, lo cual también es el principio general de las escrituras hindúes. Aunque cree en la transmigración del alma, su concepto del *karma,* que es el principio rector, es diferente a otras filosofías. Éste, en el jainismo, es considerado como lo material que impregna las *jivas* durante todo su viaje y poniéndoles un lastre para llegar al nivel mundanal, como el calor se puede unir con el hierro y el agua con leche, así *Karma* se une con el alma, y al alma, así unida con *karma,* se le llama alma en cautiverio, aunque la forma en que la captura es diferente. Tanto como en la filosofía de los hindúes, aquí el ideal también se encuentra más allá del bien y el mal, así que se cree que las virtudes al igual que los vicios conducen al cautiverio, aunque la forma en que la mantienen cautiva es diferente. Si con autodisciplina apropiada se arreglan todos los *karmas,* entonces surge el conocimiento total de la Omnisciencia en los *jiva,* se libera y al final escapa del ciclo de la muerte, del cautiverio del cuerpo, se eleva hasta alcanzar la cima del universo, descrita como *lokakasa* y ahí reposa en dicha pacífica para siempre. A partir de ese momento puede no preocuparse por los asuntos mundanales pero es seguro que no deja de estar bajo su influencia ya que servirá a los que todavía luchan por la divinidad. Todas las almas liberadas son dioses, una vez liberadas, pero pueden incluso tener una vida activa que no los mancha, al contrario de los demás que quedan atrapados incluso con actividades desinteresadas [como *Jivan mukta* del hinduismo].

[Esta filosofía en particular no contradice los Vedas, aunque no creen en ellos.]

Samkhya

Como otros sistemas, que creen en el *karma* y la transmigración, esta filosofía también cree en eso, pero lo que transmigra no es el ser, ya que impregna todo y, en consecuencia, no admite un cambio de ubicación, sino el cuerpo sutil [*linga sarira*], que consta de los once órganos de los sentidos junto con *buddhi, ahamkara* y los cinco elementos rudimentarios [*tanmatras*]. Se podría decir que es un anexo de cada ser, que sólo se marcha en la liberación. Muerte y nacimiento significan sólo el cambio del cuerpo burdo y no del cuerpo sutil. Almacenado en éste último se encuentran todas las trazas de pensamientos y acciones del pasado. La adquisición del conocimiento correcto depende de la limpieza del equipo empírico, o en forma más estricta, del *buddhi*, que forma sus elementos preeminentes. No se concibe a *dharma-adharma* como la cualidad del ser sino sólo como modos de *buddhi*. No se mantiene cautivo ni libera el *purusa,* ni migra. Es *Prakrti* en sus múltiples formas lo que mantiene cautivo, migra o es liberado.

Budismo

Mientras el brahmanismo hizo de la "conducta virtuosa" el medio para lograr un nivel en la secuencia de renacimientos del alma individual, Buda hizo de su disposición ética el medio para lograr el "*nirvana*" o la liberación. Buda rechazó el ideal brahmánico de la absorción del alma en el Alma Universal... la Inteligencia Infinita. De acuerdo al budismo, la existencia permanente o absoluta es una ilusión. Sustancia y Ser, que en la filosofía hindú son consideradas entidades permanentes, recibieron escasa atención en el budismo. En la filosofía del budismo, el cambio es el punto principal, que interpreta la vida humana desde el punto de vista del proceso cíclico que involucra nacimiento, muerte y renacimiento. Al proceso, por ser continuo e incesante, se le llama "*Dharma chakra* o *Samsāra chakra*". Quien conoce y aprecia el misterio de la rueda de la vida puede conocer la verdad y evitar la ignorancia. Hay sufrimiento porque hay nacimiento. Hay nacimiento porque hay voluntad para renacer. La voluntad de renacer sigue al deseo de aferrarse al objeto y al deseo de disfrutar.

De acuerdo a los budistas, la mente es el sexto órgano de los sentidos. La muerte del ser vivo no es el fin; de inmediato empieza otra vida para pasar por un proceso similar de nacimiento y muerte, y así repite la vuelta de la vida una y otra vez. En esta forma, un ser vivo, cuando se le considera en relación con el tiempo, forma una secuencia continua interminable. Se debe tomar la serie de etapas en su totalidad para representar al ser individual. Así, un ser humano, cuando se considera en relación con el espacio, forma un complejo de cinco elementos aunque el cuerpo se abandone en la muerte. "La ceguera continúa como la cristalización de los esfuerzos de las acciones llevadas a cabo durante la vida". Se considera a nacimiento y muerte simplemente como "una descripción abreviada de la vida completa". Se llama "*Samsāra*" a la repetición de los cambios de una forma a otra y el budismo niega la existencia de una autoridad superior: el Dios.

Los budistas creen en la transmigración, pero la creencia parece ser inconsistente con su negación de un ser perdurable, por lo que algunos han caracterizado a la doctrina como contradictoria en sí misma. Deussen, por ejemplo, escribe: "Este *karma* debe tener en todo caso un portador individual y es lo que los *Upanisads* llaman *Ātman* y que los budistas niegan, niegan en forma inconsistente". Pero parece no haber justificación para tal crítica. La creencia en el *karma* no presenta nuevas dificultades para el budismo, ya que, si hay acción sin un agente, bien puede haber transmigración sin un agente transmigrador. Lo que es más, tenemos que recordar que de acuerdo al budismo, hay transmigración, con más precisión, renacimiento no sólo al final de esta vida como en otras escuelas de pensamiento, sino también a cada instante. No es sólo que una lámpara se enciende con otra, sino que hay transmigración de luz y calor. Se transmiten a cada momento; sólo que en el primer caso, se inicia una nueva serie de flamas. De la misma manera, el *karma* que pertenece a un "individuo" se puede transmitir en la muerte como lo hace en la vida, y aunque el muerto no revive, puede nacer otro con la misma disposición en su lugar. De ser así, es el carácter, como Rhys Davids lo expuso: "Eso transmigra, no alguna alma o ser. Cuando una persona muere, su carácter vive después de ella y por su fuerza, hace existir un ser, el cual, a pesar de poseer una forma diferente, está totalmente influido por ella. Y este proceso continuará hasta que la persona en cuestión ha superado por completo su sed de ser". Si tomamos esta explicación con lo que ya se ha dicho de que el ser es reconocido aquí como continuidad, aunque no como unidad, vemos que no es necesaria una inconsistencia en que el budismo sostenga la doctrina del *karma*. Ya que admite las dos implicaciones de la doctrina, es decir, que nada de lo que hacemos desaparece sin dejar su resultado detrás y que el bien o el mal que así se produce tiene reacción en quien lo hizo. Buda concebía el *karma* como ley impersonal en la esfera de la moralidad que trabajaba de acuerdo a su naturaleza y por sí misma.

[*La filosofía de transmigración del budista es una transmigración diferente por falta del agente... el karta, y el karma-phala-data.*]

Viśista Dvaita de Sri Ramanuja: Monismo calificado

Ramanuja profesa el monismo cualitativo y el pluralismo cualitativo de las almas. De acuerdo a Ramanuja, el nacimiento y muerte se refiere sólo a las almas en la asociación o disociación de los cuerpos que resulta de la contracción y la expansión o la inteligencia. Sin embargo, en la disolución o destrucción del mundo, las almas se vuelven una con un material sutil, que no admite diferenciación por nombre y forma. El ser individual es parte del ser superior. El ser individual es el efecto de la Inteligencia Infinita y no una parte recortada. El alma es "sujeto a sabiendas" además de agente activo.

Los actos [*karma*] pertenecen al alma y se someten a las consecuencias de estos actos. En tanto las almas están cautivas en cuerpos, sus actos tienen como resultado consecuencias corporales, pero en su estado de liberación, no unido al cuerpo, hacen realidad sus deseos sólo por voluntad. Ramanuja insiste en la libertad individual y la soberanía divina. Ramanuja menciona tres clases de almas [*Jivas*]:

- Eterna y siempre libre: [*Nitya mukta*].
- Que ha ganado la libertad por sus buenas acciones.
- Las que aún están pasando por el ciclo de nacimiento y muerte.

Algunos miembros de *Visistadvaita* incluso pueden concebir una cuarta categoría, que vaga en el *samsāra*. De nuevo pasan a las cuatro divisiones: celeste, humana, animal e inmóvil. Todas las almas son iguales, excepto en sus diferencias corporales. El cuerpo del dios es el punto de inicio del proceso de evolución. No es creado, aunque se somete a cambio formal. Para Ramanuja, la creación es real, así que también lo es el mundo y el alma, que todo efecto tiene existencia previa en su causa material y sólo la externalización es la forma implícita.

Dvaita-Dualismo de Madhvacarya

Madhvacarya aborda la pluralidad cualitativa y cuantitativa de las almas. Dios es la causa eficiente y no la causa material. Dios se guía por sus acciones relacionadas con el alma, condenando a unas y redimiendo a otras, por el *karma* de los individuos. Debemos tomar nota del *karma* como los hechos de un individuo y el *karma* como la ley de causa y efecto [fenómeno de los principios] que produce los frutos de las acciones. Las almas individuales son infinitas en número y atómicas en tamaño, pero cada una es diferente de las otras, de acuerdo al *karma* del pasado y cada una es imperfecta en su propia forma. Todas las imperfecciones de todas las almas explican su ignorancia y sufrimientos. Madhva considera la distinción entre Brahman y el alma individual [*Jiva*] como algo real y sostiene que "está equivocado pensar que *jiva* y Brahman no son diferentes en la liberación y diferentes en *samsāra,* ya que dos aspectos diferentes en cualquier momento no pueden volverse no diferentes. El alma es consciente y feliz por naturaleza, aunque está sometida al dolor y al sufrimiento debido a su conexión con cuerpos materiales y en tanto no se libere de sus impurezas naturales, está sometido al ciclo de transmigración".

Aquí también existen tres clasificaciones de las almas:

- Eternamente libre como Sri Laksmī, consorte de Narayana.
- Los que se han liberado, como dioses, hombres, sabios y ancestros.
- Los que todavía están cautivos.

Algunos son elegibles para ser liberados y otros están destinados a samsāra o el infierno.

Pūrva Mīmāmsā

De acuerdo a Pūrva Mīmāmsā, se debe perseguir la meta de dharma y no de *moksa*, ya sea como medio para un fin o como el fin en sí. Ésta parece haber sido su meta hasta que se alcanzó cierta etapa en la historia del sistema. En ese periodo antiguo del crecimiento de Mīmāmsā, sólo *dharma, artha* y *kama* eran aceptados como valores humanos y no el cuarto, *moksa.* Hablando en general, *dharma* todavía es el ideal más elevado. Pero en *Kalpa Sutra,* la doctrina en su forma presente ha sido desechada prácticamente y reemplazada por el ideal de *moksa*. Esta transformación significó abandonar muchos ritos enseñados en los *Vedas*. Pero el cambio fue de un tipo más subversivo en el caso de la escuela pensamiento de Prabhakara que en la de Kumarila. El segundo concebía a *dharma* como medio para un fin y la introducción del ideal *moksa* significa sólo la sustitución de uno por otro. Si la antigua meta era alcanzar *svarga*, lograr algún bien positivo, la nueva era *apavarga*, el negativo para escapar de *samsāra*. Pero en el primer caso, que perseguía *dharma* como fin, la aceptación del nuevo ideal significa abandonar su apreciado ideal de hacer el deber por él mismo y pasarse al lado de los Bhattas, por el ideal de *moksa* para pasar a la descripción de Salikanath, que también busca un fin, a saber, escapar de las pruebas y penalidades de *samsāra*. Pūrva Mīmāmsā comparte el punto de vista de que el *karma* es la causa de la cautividad y que cuando se retira la causa, el resultado es restaurar el ser a su estado original. Sólo se debe abstener de los *karmas* que están prohibidos o son opcionales. Se debe buscar poner en práctica los que dan algunos méritos y no los que dan deméritos. Estos son los medios para eliminar la cautividad de las personas que buscan la libertad. Incluso quien busca la libertad debe llevar a cabo el *nitya karma*. Es en sentido estricto la comprensión que nace de la meditación respecto a su verdadera naturaleza lo que es una ayuda colaboradora para la doctrina de la libertad y el nombre que recibe es *karma samuchaya vada*.

Uttara Mimāmsā: Vedānta

Desde el punto de vista de *Vedānta*, se compara a la muerte con ir a dormir y a las experiencias de la muerte con sueños. Las acciones y pensamientos del estado de vigilia determinan la naturaleza de los sueños y, de la misma manera, el alma cosecha el resultado después de la muerte... la vida en la Tierra. Estas experiencias pueden ser de una naturaleza que podríamos llamar como del cielo o del infierno. Cuando el alma sale del sueño, es el renacimiento en la Tierra. De nuevo sigue el hilo de la vida y continúa avanzando hacia su meta. Parece que no hay detención en su viaje hacia arriba del alma. Sin embargo, existe la posibilidad de desvíos. Después de la muerte, las experiencias, aunque con la naturaleza de sueños, son tangibles y vívidas mientras duran.

En forma similar al tiempo de soñar, cubre largos periodos. También se acepta que el renacimiento puede ser directamente a un ser humano sin ir a un cuerpo superior o inferior en comparación con las experiencias del cielo o el infierno. Los escritores del *Vedānta* siempre han empleado analogías e ilustraciones para explicar los puntos, siendo el tema de naturaleza supersensual; hay dificultades para explicar y comprender en forma adecuada sin estas técnicas. En la mayoría de las ocasiones, estas ilustraciones surgen de nuestras experiencias de la vida cotidiana, que son más fáciles de comprender, de lo conocido que de lo desconocido, de la verdad relativa a la Absoluta. En la unidad de la Existencia, la Conciencia es la base, la unidad con la deidad; el ser del hombre es el ser de todos los seres.

No se podría alterar el destino. [La parte del karma que ha dado fruto.]

Con respecto a la naturaleza de nuestra existencia transmigratoria, los puntos de vista de Sankaracarya son como sigue:

El término *karma* tiene diversos significados en las obras de Sankara y también en otros textos hindúes. El término *karma* en un aspecto significa el resultado de las acciones, buenas o malas del pasado [experiencia]. Parece que el término *kriya* se emplea en el sentido de acciones, buenas o malas, que requieren actividades verbales, físicas y mentales, incluyendo los rituales védicos. Cuando Sankara aborda el *karma* para discutir su naturaleza y valor como medio para la liberación final [*moksa*], a menudo emplea el término como sinónimo de *kriya* en el sentido mencionado antes.

La existencia transmigratoria de Sri Sankara parece consistir en el siguiente ciclo: 1. *Karmas* u obras como resultado de las acciones en la existencia previa; 2. La conexión de uno con el cuerpo; 3. Experiencia de placeres y dolor; 4. Pasión y aversión; 5. Acciones: kriya; 6. Mérito y demérito [*karmas*]. En otras palabras, la existencia transmigratoria es el proceso de recurrencia continua del desempeño de acciones [*karma o kriya*] y la experiencia de sus frutos. En este sentido, es posible remplazar el ciclo anterior de existencia transmigratoria por otro, es decir, la condición del que hace [*kartrtva*] y del que experimenta [*bhoktrtva*].

De acuerdo a ellos, la existencia transmigratoria aparece como sustancia real caracterizada por la condición del que hace y del que experimenta. "Aunque yo existo [externamente], uno no es el más atto *Ātman* y la naturaleza de la existencia transmigratoria está caracterizada por el que hace y el que experimenta, ya que depende de la percepción de los sentidos y otros medios de conocimiento".

La causa última de esta existencia transmigratoria es *ajnana* o ignorancia [*Upadi*]. En otro lugar, el ciclo de la existencia transmigratoria se describe como: 1. Nesciencia [*avidya*], 2. Fallas [*dosa*], 3. Actividades verbales, físicas y mentales, 4. Acumulación de *karmas* de los que los resultados son deseables, indeseables y mixtos. En esta forma, se puede seguir la pista a la existencia transmigratoria a ignorancia o nesciencia. Este ciclo nos recuerda la teoría budista del origen dependiente [*pratitya-samutpada*], que también tiene la nesciencia como su factor.

"Como el conocimiento es la naturaleza misma de *Ātman*, se le aplica constantemente al intelecto en forma figurada. Y la ausencia de conocimiento discriminador carece de inicio; se concibe que esto y nada más es la existencia transmigratoria".

"Por lo tanto, la existencia transmigratoria no es más que nesciencia debido a la ausencia de conocimiento discriminante. Para el *Ātman* inamovible, la existencia transmigratoria es, tal como es, siempre existente en *Ātman*".

o

La existencia transmigratoria no es más que la ausencia de conocimiento discriminante, respecto a *Ātman* y no *Ātman*. Por esta razón, la liberación final de la existencia transmigratoria es sólo la eliminación de la nesciencia o el cese de la superimposición falsa en *Ātman*, que por naturaleza siempre es liberado, puro, inamovible, incambiable, inmortal y carente de cuerpo.

Sri Sankara lo ilustra así: "Como si hubiera una serpiente, que existe en la cuerda antes de que haya discriminación, así sucede con el *Ātman* trascendentalmente incambiable, esta existencia transmigratoria, aunque no es una realidad. Lo que es más, Sankara se refiere a la pregunta: '¿Quién es el que transmigra?' Como lo que se ve es incambiable, también lo es el reflejo, ya que el reflejo es irreal. No lo es quien tiene la noción de 'yo' ya que es no consciente. ¿Quién podría ser el que transmigra?"

A este punto de vista de la existencia de transmigración, no hay quien transmigre en alguna parte. La existencia transmigratoria es irreal. También lo es quien transmigra. Como existe el *Ātman* inamovible, sólo se le considera como quien transmigra por la nesciencia.

Nota: *Esta irrealidad se sigue del hecho de que el universo mismo es irreal y es proyección del brahmán según lo ven los conocedores de los Vedas: la escuela de Sri Sankara.*

Pensamientos y creencias Occidentales (Parte II)

La escuela de Pitágoras

Pitágoras fue el proponente más conocido de la versión griega de la transmigración. Su punto de vista: "Qué el alma es inmortal y se transforma en otros tipos de seres vivientes, además de que siempre que llega a existir, nace de nuevo en una revolución con la seguridad de que nada es absolutamente nuevo y que todo lo que nace con vida se debe tratar como de la familia". Cita que existen tres tipos de personas; el juego olímpico es la comparación característica. El tipo de personas que viene acá son los que vienen a comprar y a vender, el segundo grupo es el que compite. Los mejores de todos son los que tan sólo vienen a mirar. Por lo tanto, la mayor purificación de todas es la ciencia desinteresada y es el hombre que se dedica a ella. El verdadero filósofo es aquel que se ha liberado con más efectividad de la rueda del nacimiento.

Judaísmo

El tratamiento de la metempsicosis que se encuentra en la Cábala, estaba limitado por la necesidad de confirmar la escritura ortodoxa y la teoría de la transmigración era tolerada más que aceptada. Por lo tanto, al originarse el judaísmo principalmente de fuentes gnósticas, maniqueas y neoplatónicas, enseña que el hombre tiene libre albedrío, pero que su alma está atada y manchada por el contacto con la materia. Las almas demonio [imperfectas] tratan de impedir el cumplimiento del plan divino finito. Para llevar a cabo este plan, las almas sin mancha descendieron de su morada original en los cielos y se encarnaron. El castigo y la expiación por los pecados se logran en otra encarnación, pero antes de que esto suceda, el alma ahora impura vaga como espíritu incorpóreo. Se cree que si sufren las personas piadosas, es por los pecados cometidos en una existencia previa. Al final del ciclo, cuando todas las almas encarnadas de nuevo son puras, empieza el *periodo mesiánico*.

El punto de vista de Pitágoras era que el alma pasa a un cuerpo posterior de hombre o animal, y tal vez aprendió la doctrina en Egipto. La mente racional, después de liberarse de las cadenas del cuerpo, toma un vehículo etéreo y pasa a la región de los muertos, donde permanece hasta que lo envían de vuelta a este mundo para habitar algún otro cuerpo de humano o animal. Después de someterse a purgación sucesiva y cuando está bastante purificado, se le recibe entre los dioses y vuelve a la fuente eterna de la que surgió en primer lugar. Esta doctrina era parte del judaísmo hasta alrededor del siglo VIII, cuando bajo la influencia de místicos mahometanos, la adoptaron los karaítas y otros descendientes judíos. Saadia, quien protestó contra la creencia, la mencionó en la literatura judía.

Sócrates

Con la excepción de este último punto, parece un mártir cristiano o un puritano. En el último pasaje, se plantea lo que sucede después de la muerte. Es imposible no sentir que al final cree en la inmortalidad y que su supuesta inseguridad sólo es fingida. No es acosado como el cristiano por el temor al tormento eterno. No tiene dudas de que su vida en el otro mundo será feliz. En Fedón, Sócrates da razones para la creencia en la inmortalidad; no se sabe si recibió influencias para estas razones. Sostiene que ningún hombre peca en forma deliberada y, en consecuencia, sólo se necesita conocimiento para hacer a todos los hombres perfectamente virtuosos.

Teoría de Platón

Respecto a la teoría de la inmortalidad de Platón, Cebes expresa duda en cuanto a la supervivencia del alma después de la muerte y son deficientes los argumentos que presenta Platón.

- Todas las cosas, que tienen opuestos, son producidas por sus opuestos. Como tales, la vida y la muerte son opuestas entre sí, y por lo tanto, cada uno debe producir al otro. Se sigue que el alma de los muertos existe en alguna parte y vuelve a la Tierra en su debido momento. La declaración de San Pablo es que "la semilla no se despierta excepto en su momento".
- Ese conocimiento es recuerdo y, por lo tanto, el alma debió haber existido antes del nacimiento. La teoría de que el conocimiento es recuerdo se basa y respalda en "que tenemos ideas como de la igualdad exacta que no pueden surgir de la experiencia". Tenemos experiencia de igualdades aproximadas, pero la igualdad absoluta nunca se encuentra entre seres sensibles y sin embargo sabemos lo que queremos decir con "igualdad absoluta". Como no la tenemos de la experiencia, debemos haber traído el conocimiento con nosotros de una existencia previa.
- Las esencias y nuestra capacidad para entenderlas demuestran la preexistencia del alma con conocimiento. "No existe la enseñanza sino el recuerdo."

Esta conclusión se presenta en Menón, como en Fedón, de que el alma trae consigo el conocimiento de una existencia previa. Se considera que la doctrina de la reminiscencia está comprobada. Cebes afirmó que se ha demostrado la mitad de lo que se requiere, es decir, que nuestra alma existió antes de que naciéramos, "que el alma existirá después de la muerte, así como antes del nacimiento, es la otra mitad para la que todavía falta prueba".

Sócrates emplea esto como "todo es producido por sus opuestos", de manera que la muerte debe producir la vida de la misma manera que la vida produce la muerte. Además se añade que se puede disolver lo que es complejo y que el alma, como las ideas, es simple y no formada por partes. Que es simple, es que el pensamiento no puede empezar, terminar o cambiar. Ahora bien, las esencias no son cambiantes. Por ejemplo, la belleza absoluta siempre es la misma, mientras que los objetos "bellos" cambian continuamente. Los objetos vistos son temporales, pero los objetos ocultos son eternos. El cuerpo es visto pero el alma está oculta, así, el alma se debe clasificar en el grupo de lo que es eterno.

La escuela de Lurice

En la doctrina de metempsicosis se basó el sistema psicológico de la Cábala práctica, iniciada por la

Escuela Cabalística de Lurice. De acuerdo a ella, todas las almas destinadas para la raza humana fueron creadas junto con diversos órganos, de Adán. Al igual que existen órganos superiores e inferiores, también hay almas superiores e inferiores de acuerdo a los órganos con que están unidas respectivamente. Así, hay almas del cerebro, de los ojos y de la cabeza, etc. Cada alma humana es una chispa de Adán. El primer pecado del primer hombre causó confusión entre los diversos casos de almas, de manera que incluso el alma más pura recibió una mezcla de mal. Así, prevaleció el estado de confusión, que da un impulso mínimo. El mal cesará con la llegada del Mesías, que establecerá el sistema moral en el mundo y una nueva base. Hasta ese momento, el alma del hombre, por sus deficiencias, no puede volver a la fuente y tiene que vagar, no a través de los cuerpos de los hombres, sino a través de objetos inanimados. Si las buenas acciones de un hombre pesan más que las malas, su alma pasa a un cuerpo humano, de otra manera al de un animal. El incesto causa que el alma pase al cuerpo de un animal impuro, el adulterio al de un asno, el orgullo en un líder de la comunidad al de una abeja, la falsificación de amuletos al de un gato, la crueldad hacia los pobres a un cuervo, y así adelante, para diversos grados de recaída calculados para diversos tipos de nacimiento inferior.

Nota: *Lo anterior puede verse como una comparación clásica del infierno en nuestras Puranas.*

Impregnación del Alma

Un avance totalmente nuevo de la doctrina de metempsicosis fue la teoría de la impregnación de las almas propuesta por la Escuela Cabalística de Luria. De acuerdo a esta teoría, un alma purificada que ha descuidado algunos deberes religiosos en la Tierra debe volver a la vida terrenal y unirse al alma de un hombre vivo con el fin de compensar ese descuido. Lo que es más, el alma liberada de los pecados aparece de nuevo en la Tierra para apoyar a un alma que no está a la altura de su tarea. Así, por ejemplo, las de Moisés, condicionadas, apoyaron al alma de Samuel y esto muestra que tres almas de naturaleza homogénea pueden ocurrir al mismo tiempo.

Nota: *Tenemos nuestros ejemplos de renacimiento para hacer frente a los deseos no satisfechos, al ser alcanzado por la muerte.*

Schopenhauer

No existe algo llamado felicidad ya que un deseo no satisfecho causa dolor y el logro produce saciedad. El instinto impulsa a los hombres a la procreación, lo que hace existir una nueva ocasión para el sufrimiento y la muerte. Es por eso que la vergüenza se asocia con el acto sexual. El suicidio es inútil; la doctrina de la transmigración, incluso si no es literalmente cierta, transmite una verdad en forma de mito.

Catarismo [Siglo XIII]

No se pueden conocer con certeza los principios de los cátaros, ya que dependemos por completo del testimonio de sus enemigos, pero tenemos bastante que está casi más allá de las dudas. Parece que los cátaros eran dualistas y que como los gnósticos, consideraban al Antiguo Testamento de Jehová como un engaño maligno, que sólo se revelaba el verdadero ser en el Nuevo Testamento. Consideraban a la materia como mala en esencia y creían que para el virtuoso, no hay resurrección del cuerpo. Sin embargo, los malos sufrían la transmigración a cuerpos de animales. Basados en esto, eran vegetarianos que se abstenían incluso de huevos, queso y leche. Sin embargo, comían pescado porque creían que los peces no se reproducían mediante el sexo.

Aristóteles

La doctrina de Aristóteles conduce con facilidad a malentendidos en su libro: "Sobre el alma". Considera al alma como unida al cuerpo y ridiculiza la doctrina de Pitágoras de la transmigración. El alma parece perecer con el cuerpo. "Sin duda se sigue que el alma es inseparable del cuerpo". Pero añade: "En cualquier caso, ciertas partes, como el cuerpo y el alma, están relacionadas como una forma de materia". El alma debe ser una sustancia en el sentido de la forma de un cuerpo material, que tiene la potencialidad de vida en él. Pero la sustancia es una realidad y así, el alma es la realidad del cuerpo como se caracterizó antes. El alma es la sustancia en ese sentido, que corresponde a la fórmula definitiva de la esencia de un objeto. Eso significa que es la calidad esencial de un cuerpo del tipo que se acaba de asignar [tener vida]. El alma es el primer grado de actividad de un cuerpo natural que tiene en sí la potencialidad de vida. Así se describe al cuerpo como tal, que está organizado. Preguntar si el alma y el cuerpo son uno carece de sentido tanto como preguntas si la materia y la forma que le da un sello son uno y lo mismo. La autonutrición es el único poder psíquico de las plantas. El alma es la causa final del cuerpo.

Cosmogonía de Platón

El creador, comenta Timeo, hizo un alma para cada estrella. El alma tiene sensación, amor, miedo y enojo. Si los superan, viven con rectitud, pero no es así si no lo hacen. Si un hombre vive bien, después de la muerte va a vivir feliz para siempre en la estrella. Pero si vive mal, en la siguiente vida será una mujer, y si él o ella persisten en actuar mal, se volverá una bestia y continuará con la transmigración hasta que al fin gane la razón. Dios pone algunas almas en la Tierra, algunas en la luna, algunas en otros planetas y estrellas y deja que los dioses den forma a sus cuerpos.

Los Cretenses

La cronología de la historia de los cretenses se deriva de objetos egipcios encontrados. Creta y los objetos cretenses encontrados en Egipto forman nuestro conocimiento que depende por completo de la evidencia arqueológica. Existen algunas evidencias de fe, buenas acciones en la Tierra, recibir recompensas o castigos. En general, los cretenses parecen haber sido un pueblo feliz y opuesto a supersticiones sombrías. Las corridas de toros eran celebraciones religiosas.

Cultura Mahometana

Averroes estaba interesado en mejorar la interpretación de Aristóteles, demasiado influenciada por el neoplatonismo, al dar más relevancia que Avicena a Aristóteles, el fundador de la religión. Sostiene el punto de vista de que la existencia de Dios se puede demostrar mediante razones independientes a la revelación, punto de vista que también sostuvo Tomás de Aquino. Con respecto a la inmortalidad, parece haber seguido de cerca a Aristóteles, al afirmar que el alma no es inmortal pero que el intelecto lo es. Sin embargo, esto no asegura la inmortalidad personal ya que el intelecto es uno y el mismo, cuando se manifiesta en diferentes personas. Como es natural, los filósofos cristianos se opusieron a este punto de vista. Averroes, como la mayoría de los filósofos mahometanos, aunque era creyente, no era un ortodoxo rígido. Había una secta de teólogos ortodoxos por completo que se oponían a toda filosofía como perjudicial para la fe. Uno de ellos, llamado Algazel, escribió un libro llamado: "Destrucción de los filósofos", señalando que como toda la verdad necesaria está en el Corán, no existe la necesidad de especulación que sea independiente de la revelación. Averroes contestó con un libro llamado "Destrucción de la Destrucción". El dogma religioso que Algazel sostenía en particular contra los filósofos era la creación del mundo de la nada, la realidad de los atributos divinos y la resurrección del cuerpo. Averroes considera la religión como algo que contiene la verdad filosófica en forma alegórica. Esto se aplica en particular a la creación, que él, en su papel de filósofo, interpreta de manera aristotélica.

Heráclito

La búsqueda de algo permanente es uno de los instintos más profundos que conducen al hombre a la filosofía. Sin duda, se deriva del amor al hogar y del deseo de tener un refugio para el peligro. En consecuencia, encontramos que es más apasionado en aquellos cuya vida está más expuesta a la catástrofe. La religión busca permanencia en dos formas: dios y la inmortalidad. En dios no hay variabilidad ni sombras, el cambio de la vida después de la muerte es eterno e inmutable. La alegría del siglo XIX puso a los hombres contra esta concepción estática y la teología liberal moderna cree que hay progreso en el cielo y evolución en la deidad. Pero incluso en esta concepción existe algo permanente, es decir, el progreso en sí y su meta inmanente. Y es probable que una dosis de desastre devuelva la esperanza a sus formas extraterrestres más antiguas, si se pierde la esperanza en la vida en la tierra; es sólo en el cielo que se puede buscar la paz.

Kant

"Dios, libertad e inmortalidad son tres ideas de la razón". La razón pura conduce a formar estas ideas. Por sí misma no puede demostrar que sean reales. La ley moral exige justicia, es decir, felicidad proporcional a las virtudes. Sólo la providencia puede asegurarlas y es evidente que no las asegura en esta vida. Por lo tanto, hay un dios y una vida futura, y debe haber libertad, ya que de otra manera no existiría algo como la virtud.

Nota: *Las líneas anteriores de Kant tienen declaraciones de largo alcance y concluyentes sobre la transmigración que satisfacen todas las hipótesis... los ladrillos y la mezcla para construir el palacio del renacimiento, con belleza y elegancia. Éstas son las suposiciones de nuestro segundo capítulo, pasar a la inmortalidad, que se menciona antes, y que se refiere al alma, que los conocedores del veda llaman Ātma, la cual es eterna.*

Capítulo II

Nacer, nacer de nuevo...

Evolución evolucionada

Capítulo II

Evolución evolucionada

Algunos entran al vientre de una madre
que disfrutan en estado encarnado;
y otros se fusionan con plantas,
según el conocimiento y sus acciones dicten.

Kathopanisad V-7

Atado a este mundo, quien actúa en búsqueda de sí mismo
disfruta del resultado de su acción más adelante;
vaga por ahí por su acción,
renacido con los dioses, los padres o en otra parte.

Svetasvatara Upanisad V-7

Nuestra conclusión se basa en las declaraciones de las Escrituras y las razones, que la causa de la **transmigración**, es decir, el ciclo interminable de nacimiento, muerte y sufrimiento, se relaciona con la ley universal de causa y efecto. Algunas personas emplean la terminología como la "causa"; ambos son uno y el mismo. Formulamos los grupos que son la causa de nacimiento y renacimiento y los agrupamientos son:

- Las acciones [*karma*] que tenían libre albedrío, es decir, ¿actuar de acuerdo a la línea basal especificada, no actuar o podría ser de una forma totalmente distinta?, aplicación general de la ley de la transmigración.
- Los deseos y el apego de los individuos hacia ciertos objetos a poseer, asociarlos en alguna forma o anhelarlos en la mente repetidamente y que no se pueden asegurar durante la vida. Condición específica.
- Una misión divina. Los complementos conseguidos tienen relación con cierta tarea del Señor, un vínculo en la cadena. Los dioses [sobrehumanos] se rebajan a ser parte de la obra o para apoyar el papel de *avatara purusa*, recordando su papel como un rey en el escenario, que sabe que no es el rey sino un actor. La actuación no tiene realidad ni efecto alguno con respecto a aquello de que el *karma* nos puede hacer responsables, mientras que un rey del mundo relativo, cuando

actúa, el impacto se siente en la relación social, política y personal. Este rey mundanal también está sometido a alabanza o censura por parte de la ley de la causa, como otros, y cosechar las frutas de sus propios méritos y deméritos, *sancita karma* y *agami karma*, de acuerdo al plan de la teoría *kármica* de la transmigración al mundo superior o inferior de gozo o sufrimientos.

Nos podemos preguntar cómo saber quién está sujeto a la ley del *karma* y quién está liberado. El puro lo sabe bien; si no lo sabe, entonces no necesita saberlo. Si alguien es rico, eso no beneficiaría a otros, uno tiene que ganar su propia riqueza para disfrutarla.

Se debe comprender que no es probable que uno tenga que pagar o ganar nada de la parte de la acción de la vida en la Tierra que no ha sido impuesta como resultado de acciones realizadas en la existencia previa. En esta acción, al ser independiente de la acción previa, uno puede desempeñarse como en un salón de clases prácticas para ayudar a los que lo merecen y desean.

Algunos ejemplos de este tipo pueden ser apropiados aquí. Sri Ramakrishna Paramahansa *ya* era puro de nacimiento y era un alma liberada como podríamos llamarlo, *Jivan mukta*, pero incluso después de eso, siguió viviendo la vida de un hombre común que sirve a la sociedad. Esta parte de su vida no va añadir nada extra ya que no hay nada que añadir al *Infinito*, que ya está lleno y completo. La acción se debe definir como servicio por amor al servicio o vida de bendición. Otro ejemplo es el de *gopas* de *dvapara yuga*, que eran parte de los deportes divinos y que decidieron descender, de manera que estuvieran en compañía del señor Krisna, el personaje principal. Todos estos *gopas* eran almas liberadas, pero llegaron a ser parte del juego para su continuidad o para decir que se movieran las ruedas de los eventos en la dirección lógica que tenía que seguir. Todos ellos eran iluminados y no se les debe tomar por lo que parecían. Los ignorantes tratan de añadir una dimensión común a los jugadores divinos.

De la misma manera, Sri Rama se encarnó en *treta yuga* para redimir a sus devotos y enseñar al mundo un idealismo, un hijo, rey, padre, marido y amo ideales. En esta obra, se necesitaban abrir muchos nudos para que la obra escenificada continuara siendo atrayente para el hombre común. Para Sri Hanuman, quien fue parte de la gloria del Señor Shiva, no era necesario que se introdujera ningún mérito extra de devoción, sinceridad y fidelidad en su duración de vida, pero se asoció con todos ellos respecto a los cuales ya estaba bien versado. Demostró que con su libre albedrío y compasión por servir a la humanidad mientras servía a Sri Rama en su misión podía presentar un ejemplo normal de un alma devota. Los humanos pueden aprender de los seres humanos sólo mientras eso puede ser comprensible, al encontrarse en el terreno común de la evolución del pensamiento, el habla y el lenguaje del cuerpo. En lo que respecta a la forma de un mono, se compara muy bien con los seres humanos en muchas formas. De hecho, los seres humanos son sólo la evolución de la especie mono.

Por qué no debemos llamar a estos personajes encarnaciones, ya que el papel que actuaban era supersensual y sobrenatural con objetividad. No. Puede no ser apropiado. Las encarnaciones poseen el accionar bien desarrollado de la divinidad y la independencia. De nuevo, estas encarnaciones son entidades independientes, causa y efecto están combinados en un solo punto. En contraste, estos asistentes ofrecen su ayuda para complementar la causa y también se encuentra que dependen de esa fuente: la personalidad encarnada. En episodios del *Ramayana,* aunque Sri Hanuman es parte indispensable de la obra, está a cierta distancia, cuando se le compara con Sri Rama. En consecuencia, será más apropiado llamar a estas formas manifiestas por el nombre de chispas del fuego en los deportes de la encarnación. La chispa posee cualidades de calor y luz pero no funciona en aislamiento y no está completa por sí misma.

¿Qué sucede cuando estos complementos no se añaden en el funcionamiento y meta de la encarnación divina? ¿Se pueden lograr los objetivos sin ellos? Es seguro que la encarnación del Dios no depende de estos medios, pero toda la obra se vuelve sobrenatural. El impacto de las entidades sobrenaturales no dura mucho por falta de compatibilidad y comparación de las razones. La mayoría no cree en entidades sobrenaturales y eso no puede ser una lección para los seres humanos, donde la diferencia son los complementos. Nuestra identidad está más cerca de la persona con que tenemos más intimidad, como la madre y el padre por la relación de nuestro cuerpo. Por lo general, la gente se pierde en la esposa y los hijos ya que su sufrimiento se vuelve el nuestro, por un decir. Esto es *samsāra* cuando se identifica con la materia mediante *ahamkara*. Aquí estamos enfatizando el tema de la multiplicidad de las chispas en el fuego, el sustrato. El *Jiva* que sigue a *Isvara* en su misión no se mancha con *karma,* según se asocia con *Isvara,* si la ignorancia [*maya*] no se asienta ahí.

La causalidad

कर्मणो ह्यपि बोद्धव्यं बोद्धव्यं च विकर्मणः ।
अकर्मणश्च बोद्धव्यं गहना कर्मणो गतिः ॥

Es necesario discriminar la acción, discriminar la acción prohibida y discriminar la inacción; inescrutable es el camino del karma.

B.G. IV-17

El día después de la noche, luego la noche y de nuevo otro día es la serie y el ciclo. De la misma manera, los seres de su [origen] no manifestación a manifestación [en su estado medio] de nuevo se vuelven no manifiestos al final. Lo que es más, la duración del día y la noche varía según las horas, los días y los meses. Así, la variación y las variedades son los hechos de la naturaleza, del cosmos. La naturaleza es noble y la belleza en todas partes sobrepasa todo lo imaginado. Montañas maravillosas, picos cubiertos de nieve, ríos bailarines, océanos magníficos, aves coloridas, árboles y frutos que causan el sabor en la lengua incluso antes de ponerlos en la boca, son todos regalos de la naturaleza. Las criaturas del agua, como la multitud de variedades de peces y criaturas marinas; los animales en los bosques, los tonos, los colores y los contornos son todos la poesía del poeta de poetas.

Todos ellos y más son las adoraciones de la creación que impresionan a la mente con un ¡ah! Con una sensación irresistible, la oración y la alabanza se dirigen al Creador, el invisible, aunque presente en todas partes, y que también es la maravilla de maravillas.

En el otro lado de la creación, vemos desigualdad y disparidad en el universo. Hermanos gemelos, hermanas gemelas o hermano y hermana nacidos juntos, criados en condiciones ambientales y cuidados paternos similares que quedan marcados en el opuesto total tanto en la salud mental como en la riqueza. Alguien nace con cuchara de plata y el otro sin cuchara alguna. Uno nace tullido mientras que otro queda tullido después. Algunos tienen un cuerpo sano durante el paso de la vida, para algunos es de corta duración. Uno vive para llegar a una edad avanzada; el otro muere en el nacimiento mismo. Algunos muestran un extraordinario talento en el arte y la música a corta edad mientras que para otros de esa edad, es griego y latín. Uno empieza en la espiritualidad con sólo escuchar discursos a la orilla de los caminos mientras que uno no llega a esa madurez incluso después de veinte años de práctica. Son genios prodigiosos y son idiotas y tontos lerdos. Uno vive para vivir, los otros viven para otros. Hay contrastes en medios de vida, estilo de vida, salud, placeres, participación, comprensión, empresas, éxito, fracaso y discurso en toda actividad de la vida que se dedica a aprovechar recursos, sustento y excedentes. ¿Qué o quién es responsable de estas diferencias? Alguien puede saltar a la conclusión con confianza de que todas son jugadas accidentales. Otros pueden repetir que todos son actos de dios, que actúa sin causa aparente y lo disfruta. Estamos indefensos y Él es todopoderoso y omnisciente. Otro en el grupo levanta la mirada y habla con gracia llena de confianza: "¡Amigos! En esta creación, nada queda a la suerte o a un accidente". Atribuirlo a la casualidad es un accidente intencional de la ignorancia.

Nada sucede por accidente. Es posible que no podamos saber la razón o causa pero de todos modos no podemos afirmar que las situaciones son un accidente o suerte. Cuando vemos un niño, sabemos que debe haber padres del niño ya que los niños no caen del cielo en un día lluvioso o soleado. Por lo tanto, y en consecuencia, debe haber padres, padres de los padres y demás, y en última instancia, toda causa conduce a su causa, que en último término conduce a lo Absoluto. En el ejercicio de un análisis, el alimento es la causa de los seres, la Tierra es la causa del alimento, el agua es la causa de la Tierra, el fuego es la causa del agua y, de nuevo, el fuego se convierte en el efecto del aire. De la misma manera, el efecto: el aire pertenece al espacio, es la causa. El espacio se convierte en el efecto de la causa *Isvara* [Brahman con *Maya,* el complemento]. De esta manera, la relación de causa y efecto [producto] conduce en último término a *Isvara,* cualquiera que sea el punto de inicio de este análisis en cualquier plan y de cualquier objeto. Es la razón de que todas las obras *vedánticas* contienen el tema o discusión sobre la creación del universo, que es un vínculo importante entre los individuos, el mundo y el Señor [*Isvara*]. Así, la ley de la causa es la ley universal del *karma,* donde el evento puede ser tanto la causa como el efecto, con la excepción del Absoluto.

La transmigración de *Jiva* presupone dos componentes, la materia y el Espíritu, la Conciencia. Los seis tipos de modificaciones, que son la naturaleza de la materia, son: existir, nacer, crecer, cambiar, descomponerse y perecer. El cuerpo es la construcción compleja y componente de los cinco elementos, que son materia, y en consecuencia, el cuerpo pasa por las seis modificaciones. El Espíritu es la fuerza de vida, o para ser más precisos, es la Conciencia, que no nace ni muere. No llega a existir ni deja de ser y no se somete a las seis modificaciones. Es nonato, eterno, constante y antiguo. No se destruye cuando el cuerpo es destruido. El cuerpo es la morada del alma individual para experimentar placer y dolor, que se ganan mediante nuestras acciones previas.

Detrás del cuerpo burdo, está el sutil, que dirige al cuerpo físico. Es la Conciencia y *Prana*. Así, *Prana* sólo se manifiesta para determinar los resultados de las acciones del nacimiento previo. *Prana* significa energía vital o el poder que sustenta la vida en nosotros. Aunque *Prana* es uno, recibe cinco nombres diferentes debido a las cinco funciones diferentes que lleva a cabo. La palabra *Prana* incluye las cinco manifestaciones de la fuerza vital. Primero el poder que mueve los pulmones y jala el aire atmosférico del exterior al sistema. También se le llama *Prana*. En segundo lugar está el poder que saca del sistema las cosas que no se desean. Se le llama *Apana*. En tercer lugar, toma el nombre de *samana*, cuando lleva a cabo las funciones digestivas y transporta el extracto del alimento a toda parte del cuerpo. Se le conoce como *Udana* cuando es la causa de transportar el alimento hacia abajo de la boca por el canal alimentario, hasta el estómago, y también cuando es la causa del poder del habla. El quinto es el que actúa en todas las partes del sistema nervioso de la cabeza a los pies, por todos los canales, que mantiene la forma del cuerpo, lo protege de la putrefacción, le da salud y vida a toda célula y órgano, es conocido por el nombre *Vyana*.

Lo anterior, junto con los elementos no componentes del cuerpo burdo y las impresiones e ideas que se acumulan en el individuo en la vida causan que su cuerpo sutil se mantenga intacto, para que se exprese en el siguiente nacimiento. Es posible que haya equilibrio de las impresiones de otros nacimientos, que no se pudieron agotar y que reciben prioridad junto con el pasado inmediato. A las impresiones que han fructificado se les llama *prarabdha,* y se les debe agotar en orden, es decir, *prarabdha, sancita y agami* respectivamente, aunque no por necesidad ya que una parte se puede combinar con otra para un efecto compensador del módulo.

¿Qué es *karma*? *Karma* es acción, tanto física como mental, en forma individual o combinada. Para hablar con más claridad, es movimiento, atracción, gravitación y repulsión; en el sentido universal: caminar, oír ver y pensar es el organismo. Siempre que los sentidos y los órganos de los sentidos entran en acción, su función, sea correcta o incorrecta a la vista del público o en privado, se produce el *karma*. Estas acciones producen reacciones y producen el resultado en la forma en que la ley universal está ordenada. El resultado del *karma* [causa], la acción, se debe ver en dos planos. Uno es el que apreciamos con la percepción de los sentidos y el otro está oculto, es desconocido y la matriz para determinar el resultado está más allá de lo físico, lo mental y del dominio de la inferencia. Debemos discutir algunas ilustraciones. Uno ha llevado a cabo un ritual de fuego, el resultado directo o reacción es que algunos materiales fueron consumidos por el fuego. Se alimentó a los brahmanes hasta quedar satisfechos y se dio el *daksina* por compartir la comida y por oficiar en el ritual, así que se ha gastado algo de dinero y cambió de manos. Se tuvieron algunas palabras de alabanza y satisfacción en el plano mental del individuo que se desempeñó como un logro hacia el acto noble y religioso y los beneficiarios tuvieron algo de júbilo y gratitud por haber sido honrados así por el anfitrión.

Pero el resultado que surgió en el plano divino o desconocido, los méritos y deméritos, que producen placer y felicidad, no está expuesto a la comprensión en la ausencia del conocimiento del factor de conversión y las constantes. Sin embargo, se puede inferir una amplia clasificación como buena o, cuando daña a alguien, como mala o ambas. Difícilmente existe alguna acción [*karma*] en que estén presentes todas las posibilidades buenas o todas las malas. La mayoría o el predominio debe ser el patrón para su calificación:

- El que satisface el interés general y el bien común de la sociedad en general es considerado como bueno.
- El *karma,* que se practica con motivos egoístas a costa del sufrimiento de la mayoría o que daña a alguien es malo.
- El que tiene efectos equilibrados, es el mezclado. [Una combinación de interés común del individuo y de la mayoría.]

Se puede tomar nota que las frases empleadas en lo anterior, como "el interés general y el bien común de la sociedad" incluye a todos los seres: hombres, animales, insectos, medio ambiente del presente, futuro, en el sentido más amplio de vivir y bienestar que conlleva, paz y tranquilidad homogéneas [en los niveles interno y externo].

La ley de causa y efecto o la acción y la reacción, se encaja en la transmigración del *Jiva,* que está sometido a gran número de actividades diminutas de la mente; sustancias de diferentes nombres etiquetadas como anhelos, tendencias, pensamientos, ideas e impresiones, cada parte de ellos se combina con los otros para formar la acción y la reacción.

Cada personalidad y carácter individual es el gran total de los resultados de acciones mentales previas y también es la causa de los cambios futuros en el carácter. En la secuencia de causa y efecto, cada efecto está latente en la causa y es evidente que cada causa está presente en el producto. Cada carácter se incluye en la causa así como en el efecto y esta ley de *karma* se inculca en la gran verdad de la naturaleza. Como ilustración, una semilla contiene todo el árbol en forma potencial y produce el árbol, el cual a su vez produce semillas de nuevo. Sin embargo, el árbol y la semilla no reflejan el plan real de causa y efecto ya que el árbol no produce ninguna acción ni es capaz de reflejar el placer y el dolor. Así que no podemos atribuir ningún mérito o demérito a la semilla. Sólo demuestra la ley biológica de que el hombre engendra al hombre y el árbol engendra al árbol. El mango tendrá frutos de mango y el cocotero tendrá cocos. No puede haber algo contrario a este fenómeno.

Sin embargo, si la ley se extiende al plan del *karma*, ésta es la respuesta a la mención anterior respecto a por qué existe disparidad en el carácter, como bueno o malo, por qué uno sufre y es miserable mientras que otro disfruta de la vida y es feliz como en el contexto: la semilla es la acción previa y el árbol es el resultado, de nuevo una semilla nueva para un futuro resultado. No tenemos que buscar chivos expiatorios para culparlos por nuestro destino, ni siquiera a Él, que otorga los frutos de nuestras acciones. Él siempre es neutral y no odia ni ama a nadie y nadie debe ser castigado o recompensado por su voluntad. Los placeres y el dolor, la felicidad y la tristeza son pagos por todo lo que poseemos en la vida, es el producto [efecto] de nuestra acción previa o *karma*, tanto en el plano físico como en el mental. El trayecto futuro de goce y sufrimientos debe proceder de nuestros pensamientos y actos presentes y de su activación. La hipótesis de la predestinación y la gracia son ideas mal asignadas y se quedan cortas de acuerdo a la doctrina de la acción: el *karma*. Se debe comprender con mucha claridad que *Jiva* cosecha los frutos de los actos y obras previos.

Alguien que tiene fe en la ley del *karma*, que cree en su operación y efectividad, está libre de prejuicios. Cree que está creando su propio destino y, así, ejerciendo su libre albedrío. Aprende de la experiencia y es más moral, lleva a cabo actos virtuosos y se apoya en un mejor terreno racional, como quien cumple las reglas de tráfico no por temor al agente de policía sino por la seguridad común. No se pasará la señal incluso cuando no hay nadie para vigilar y regular el tráfico. Está consciente del hecho de que todo movimiento equivocado reaccionará en sí mismo en algún otro momento. Así, alguien está bendecido por una vida libre de reacciones, un derecho a la felicidad, la paz, la tranquilidad y la iluminación nacidas de la comprensión personal, no del egoísmo.

Los otros dos componentes de la ley universal del *karma* son la ley de la compensación y la ley de la retribución, que explican las variedades y tipos de la naturaleza, lo que significa que toda causa debe producir un efecto o reacción similar. Así, también existe equilibrio entre la acción y la reacción en su naturaleza. No hay pérdida ni ganancia en la ecuación de unos con otros y también se mantienen en perfecto equilibrio y justicia. Vamos a examinar en la siguiente ilustración cómo la naturaleza presenta una reacción igual y opuesta. Aquí está una interpolación de acción y reacción, que puede ser la base para la distribución de los frutos de las acciones juntas o al contrario, en un plano o el otro. La compensación se puede sacar del significado de *karma y Karma yoga. Karma* glorifica al que hace... el *Karta*, el agente que desea compensación por sus acciones específicas y que puede ser en términos de resultados positivos o negativos, de nuevo extendiendo el *samsāra*. La compensación de incremento del *Karma yoga* es la purificación de la mente... *citta shuddhii* que puede recortar el *samsāra* al ser un movimiento de avance hacia el medio. Para cualquier acción de valor añadido, existe cierta ventaja en forma de una situación feliz, como salud, riqueza [mundanal o divina], nombre y fama, etc., y se considera es la compensación en un sentido deseable ya que corresponden a la acción buena y noble.

A la fase diversa de la naturaleza se le da el nombre de "retribución". La retribución es el valor negativo o desventajoso... el código no ético de conducta; digamos robar o dañar a alguien.

La retribución inmediata es el castigo corporal mediante las leyes del lugar. Si se las arregla para escapar, entonces está la justicia divina y la retribución puede ser el castigo del sufrimiento en *lokas* y *samsāra*, etc. Éstos son los planes del creador y para cumplir con estas estipulaciones, existen variaciones en diversos niveles de planes y una conjunción desfavorable en el mundo externo e interno, es decir, la vida presente y el más allá en el siguiente nacimiento.

Una persona que roba alimento se muere de hambre en su siguiente vida. Un mentiroso se vuelve tonto en su siguiente vida. Quien roba aceite nace como cucaracha y quien roba verduras nace como pavo real. Quien roba sal sólo logra usar ropa rota; de la misma manera, todas las ofensas reciben su castigo [retribución] de acuerdo a la ley de administración del castigo.

G. Purana

Estas compensaciones y retribuciones son la integración lógica de la ley de causa y efecto. Al mencionar cualquiera, la otra se expresa sin expresarse con claridad.

Ejemplos son:

- Mahatma Gandhi adoraba a la India y a los hindúes. La reacción y compensación es que el país ahora lo devuelve, venerándolo como la gran estrella de guía de la India.
- Entre más fuerte sea la aplicación del golpe en la campana del templo, más ruidoso es el sonido que rebota… reacción.
- Es intenso el terremoto, mayor y más profunda es la destrucción… reacción.
- El sonido melodioso del instrumento musical es la compensación por la destreza exhibida en tocar el instrumento.

La ley actúa con la misma eficiencia cuando entramos a las fases mental, intelectual, moral y espiritual. El pensamiento mismo del Ganges crea armonía mental de la pureza, y así es el caso cuando hablamos o pensamos en templos, dioses y sabios sagrados. En todos estos ejemplos, el antecedente es el factor primario, la causa o antecedente. Podemos enfrentar algunas dificultades al juzgar algo en forma apropiada, si el efecto no está conectado con sus antecedentes... la razón. La causa maligna debe producir efectos malignos. Una mujer estéril no tendrá hijos. Nadie puede evitar el proceso de compensación y retribución en este mundo de fenómenos. Es en extremo intrincada la aplicación con respecto a los asuntos de eventos y acciones en la vida, tanto en el nivel físico y mental, que evolucionan a través de las tendencias y también involucra un ciclo de empezar, crecimiento y madurez [*prarabdha*]. La duración del ciclo también depende de muchos otros factores, diseminados en muchos nacimientos para cosechar el resultado, es decir, la compensación. Puede ser en la vida presente o después de la muerte, la siguiente o incluso la siguiente. Es necesario prolongar y extender sin confinarse sólo al nacimiento presente, como el principio y el fin de este cuerpo, ya que nuestro presente es resultado del pasado. El futuro verá nuestros pensamientos y acciones presentes como el inicio de la vida, lo que no es similar a la duración de la mañana hasta el inicio de la nueva mañana [24 horas de duración que desconectan a los días previos y futuros]. En ocasiones encontramos muy decepcionante una compensación de corta duración, en especial cuando tomamos en cuenta los muchos sucesos sosos y sombríos en la misma posición que el día normal. Es imposible explicar estos fragmentos ya que la vida eterna de *Jiva* consiste en la cadena de vidas, no en 24 horas o en cien años. Pero debemos estar seguros de que es un equilibrio y justicia perfectos, cuando se toma en consideración de manera apropiada el periodo de vida, que no es conocido ni fijo por nuestra exigencia.

Ahora tenemos que explicarnos el factor de retribución. Es una compensación negativa, de manera que se toma como castigo, el cual se extiende no sólo al periodo presente de vida sino también al siguiente o al siguiente del siguiente, igual que la compensación. Esta retribución es la necesidad inexorable en la naturaleza. Primero actúa en la naturaleza interna del alma encarnada y después se manifiesta en las circunstancias externas, en forma de ganancia o pérdida, prosperidad o adversidad, en salud o enfermedad, etc. Se supone que pagamos el precio o castigo correcto mediante sufrimientos por nuestras acciones equivocadas pero no por los hechos estándares o buenos, la vida virtuosa, la sabiduría y la veracidad ya que proceden de Dios y se multiplican por sí mismos para beneficio de quien los hace, como su compensación. La culminación de las leyes, como son, es que los virtuosos se recompensan ellos mismos y los pecadores se castigan ellos mismos por su acción mental y física, buena o mala.

Purvamimamsakas y budistas no depositan su confianza en dioses personales [doctrina] sino que el sistema mismo de la ley por sí mismo es capaz de recompensar y castigar. *Purvamimamsakas* va un paso más allá, al ritual o veneración del Dios sin aceptar en realidad la existencia misma del dios. ¿No es sorprendente que digamos *"Indraya svaha"* y ofrezcamos abluciones sin creer que el dios Indra está detrás? Pero creen en la eficacia de su acción sin duda alguna. La doctrina del *karma* es el principio fundamental de la filosofía y la religión de los hindúes y de otros que creen en el principio de la transmigración. Se hace la inferencia de que todas las reacciones vuelven a la fuente de la que se produjeron o de la que procedieron. Por lo tanto, es necesaria la identidad del que piensa, hace, goza o sufre. [Los budistas difieren en este punto.] Como los *karmas* carecen de inicio, en consecuencia, el alma individual también debe carecer de inicio.

Los *karmas* almacenados se clasifican en tres grupos y se les conoce como *"Sancita, Prarabdha* y *Agami"*. Quienes creen en la noble doctrina del *kar-*

ma no se molestan por las desigualdades con respecto a nacimiento, fortuna, intelecto y capacidades que los han atrapado por orgullo. El conocimiento y comprensión mismos de la verdad universal evita a los hombres la vida tediosa del ser humano, de culpar al Señor, que es el creador de los seres. Esta ley del *karma* y el individuo están hechos el uno para el otro. Esta ley otorga libertad de acción y pensamiento, así que uno también es libre de dañarse o tener éxito. Esta doctrina es capaz de mostrar un rayo de esperanza para un mejor futuro, mejores sensaciones y mejores cosechas. También nos dirige a vivir una vida moral, virtuosa y espiritual actual y soportar la carga y los sufrimientos que han ocurrido y estar en calma y sereno.

Identificación con el deseo

El hombre con deseos se dedica a pensar en ellos; por lo deseos, tiene renacimientos en repetidas veces. Pero para aquél cuyos deseos se han cumplido y que ha desarrollado el *Ātman*, todos los deseos desaparecen, incluso aquí en la Tierra.

Mundakopanisad III-2-2

Cuando uno tiene deseos sin satisfacer al momento de la muerte, se identifica con ellos. Esta identificación antepone objetos de los sentidos y un complemento sirve como sufijo al enojo y el desencanto, con una memoria confusa y la ruina de la razón como causa y efecto respectivamente en la serie. Resuelve lo que desea, entiende lo que está resuelto y logra lo que entiende. La mente, al ver algo que se puede alcanzar, se forma la falsa noción de que tiene que lograr eso. Al poner su corazón en eso, se identifica más con los deseos. Si se frustra el deseo, adquiere la forma de enojo y eso sigue en la cadena. Mundakopanisad dice: "Aquél que anhela objetos de deseo, haciéndolos importantes, es transportado junto con estos deseos a lugares en que los hará realidad". Todo lo que hacemos en forma mental y física, crea efectos como ondas en nuestra mente y se mantiene ahí como nuestro *samskara o vasana*... son impresiones. Este *vasana* o anhelo de placeres y objetos mundanales se mantiene latente por cientos de nacimientos. La única manera de superarlo es la satisfacción del goce de ellos. Este mismo *vasana* es el que fabrica el cuerpo burdo en el vientre. Los padres proporcionan un ambiente apropiado como conducto, pero la verdadera agencia que actúa en el fondo para la selección del medio ambiente y el desarrollo es el *vasana* que se ha marchado con el cuerpo sutil después de la muerte en una forma contraída. Por lo tanto, resulta que el ser se identifica con los deseos solo. Su identificación con otras cosas, aunque puedan estar presentes, está subordinada a este deseo. En consecuencia, al tener identificación sólo con el deseo, decide lograrlo.

Respecto al deseo, tenemos este verso conciso y expresivo: "Cuando se van todos los deseos que moran en el corazón [la mente], entonces él, siendo mortal, se vuelve inmortal y alcanza el Brahmán en el cuerpo mismo. Al igual que se desecha la piel sin vida de la serpiente y se le encuentra en el hormiguero, así queda este cuerpo. Entonces el ser se vuelve incorpóreo e inmortal, el *prana*, la luz, el Brahmán". Pero cuando el cuerpo con una conciencia constituida principalmente de los deseos, aún están activos los impulsos de la vida que impulsan el movimiento de la vida. Y mientras queden todos estos deseos, todas estas impresiones, el alma no puede continuar a su lugar de reposo… paz y tranquilidad.

Si la persona ha tenido una buena vida, mientras estaba en la Tierra, una vida que se volvió brillante, armoniosa y con amor, esto continúa después de la muerte como una conciencia muy idealizada. Hay gran belleza, gran alegría y gran felicidad a todo su alrededor. A esto es a lo que se llama el cielo. De la misma manera, una persona, que ha llevado una vida de mal, una vida de oscuridad, violencia, traición, etc., se encuentra en el aura de *asura* o *Yamaloka*, el mundo oscuro. Y todos los males, condiciones y acciones están presentes en una forma exagerada y la persona sufre. Tiene que resolverlos todos, el infierno. Es en este sentido que uno lleva el cielo y el infierno en sí mismo. No se puede considerar esto como poesía. Es un hecho. Somos nosotros los que tenemos que decidir lo que debemos tener después de la muerte. Las cosas no terminan al dejar el cuerpo físico, como en el suicidio. Hay una ley que gobierna la evolución, por lo general, el alma que ha cruzado la banda animal y avanzado al cuerpo humano, no necesita volver y ocupar un cuerpo animal. Todo lo que sucede es que *pranamaya sarira,* el cuerpo deseoso, desciende y se satisface mediante animales como instrumentos de placer. Las condiciones de infierno y cielo son los almacenes de deseos sin satisfacer y constituyen el cuerpo vital a resolver y agotar, lo que significa que el ser tiene que mantenerse en *Pranamaya loka.* Ahí, en esa etapa, tal vez queden tipos de deseos muy bajos, a los que se debe satisfacer en una forma muy sutil, en el mundo sutil. Por ejemplo, la glotonería... la parte del cuerpo sutil que está llena de glotonería, determina bajar a la Tierra, unirse a alguien o a alguna criatura, y hace que se sacien los deseos, tal vez incluso en forma de cerdo, del que se sabe que es un glotón. De la misma manera, el deseo de sexo mediante un cuerpo sutil de cabra o cerdo logra la satisfacción. El significado real de cielo e infierno y de que se le arroje a un cuerpo de animal, etc., no existe en el sentido en que se menciona, sino que es la condición que prevalece, a donde nos dirigimos. No hay nada para castigarnos por los pecados excepto nosotros mismos mediante la reacción... el rebote de la causa. Nuestro destino es hijo de nuestras energías pasadas. El ser en *pranamaya loka* tiene que agotar sus deseos, agotar lo que está retenido. Es para ayudar a los seres en esta etapa que se llevan a cabo las ceremonias *sraddha*.

Nuestras escrituras lo validan cuando las ceremonias se realizan con una comprensión apropiada del significado, cuando se ofrecen oraciones con pensamientos y se dirigen sentimientos de amor y apoyo al alma que parte, llegan al ser y lo ayudan a desenredarse y liberarse de la ilusión en *pranamaya loka*. Liberado del *pranamaya*, el alma avanza a *manomaya*, el mundo de la mente, para resolver sus prejuicios, dogmas y nociones mentales que aferra con mucha fuerza. Cuando se logra esto, va a la morada de reposo para asimilar las experiencias. Después de agotar todas ellas, el alma retira su decisión, que hizo en el momento de dejar el cuerpo y comienza a preparar un cuerpo similar para contener las ideas, que actuaron la decisión para la experiencia específica que deseaba.

El desarrollo de los órganos de los sentidos en que se ha influido deben corresponder al deseo principal, que es el más fuerte, y así es como los deseos se expresan mediante el medio y la forma.

Para ilustrarlo:
El Señor dice en el Gita:

पार्थ नैवेह नामुत्र विनाशस्तस्य विद्यते ।
न हि कल्याणकृत्कश्चिद्दुर्गतिं तात गच्छति ॥

"¡Oh Partha!, ni en este mundo ni en el siguiente existe destrucción para él; ya que el que hace bien, ¡Oh, hijo mío!, nunca tiene pesar".

B. G. VI.40

Esto también enfatiza la continuidad y la evolución que involucra.

Un *sadhaka* que falla en yoga nunca caerá a un estado inferior que ya haya logrado. Vuelve a nacer en la Tierra, en casa de puros y prósperos para continuar como buscador con los requisitos apropiados para lograr la meta. De acuerdo a las leyes del *karma,* las almas renacen en el medio ambiente apropiado para su logro. Quien transmigra junto con la obra, que llevó a cabo con el complemento hasta llegar a su resultado, logra ese resultado al que su cuerpo o mente sutil está firmemente unido, es decir, que anhela, ya que hizo el trabajo por el deseo de eso. A la mente se le llama cuerpo sutil, *Linga sarira,* ya que es la parte principal de las facultades; la palabra *linga* significa un símbolo que indica al ser. Por lo tanto, sólo como resultado de esta cautividad en su mente, logra el resultado mediante esa acción. Esto demuestra que el deseo es la raíz de la existencia transmigratoria. Al agotar los resultados del trabajo, lo que sea que haya hecho en la vida, después de experimentarlos, vuelve de ese mundo a este mundo para trabajar ya que el trabajo tiene el lugar más importante en este mundo. Después de trabajar de nuevo, él, como resultado de la cautividad con los resultados, de nuevo va al otro mundo y así sucesivamente. Así transmigra el hombre, que lo desea. Por lo tanto, el hombre que no lo desea, no transmigra a ninguna parte. Un conocedor de Brahmán, que ha derrotado sus deseos, puede trabajar, pero no producirá resultados nefastos.

La doctrina del *karma* y el renacimiento representan una parte importante de las enseñanzas *upanisádicas* y ha ejercido la mayor influencia en la sociedad hindú. Es uno de los pilares más fuertes en que se apoya el *dharma* hindú. Ésta es la respuesta a la pregunta: "¿Qué sucede con un hombre después de la muerte?" También explica las desigualdades entre hombre y hombre en el momento del nacimiento y también el componente básico de los cimientos morales del universo en que se recompensa la virtud y se acosan los vicios. Esto no se puede aplicar al alma o *Ātma*, que están más allá del nacimiento y la muerte, a los que no afecta el tiempo o el espacio, por lo que están más allá de la ley de la causa. Está relacionada sólo con el *Jiva* o el alma encarnada. En el momento de la muerte, la acción del hombre se mantiene en la forma de semilla y la semilla se desarrolla cuando uno asume un nuevo cuerpo en la Tierra o en cualquier otro plano de manifestación. "Todo hombre nacido en la Tierra está moldeado por sí mismo. El hombre está compuesto en su totalidad y por completo por deseos '*kama*' y son proporcionales a su deseo, al igual que lo está su discreción '*kratu*', en proporción a su discreción, de manera que lleva a cabo actos, '*karma*', en proporción a sus actos, y así resulta para él".

Al estar fija en cantidad y calidad la sustancia que migra, el alma encarnada escoge formarse de acuerdo a su gusto, deseos y tendencia de carácter.

Algunas ilustraciones

1. Nuestro Purana personifica el principio y el deseo ajustado a la ley del *karma*. Putana era una demonia a la que mató Krisna en Ambadi. Era la hija de una demonia llamada Kaitavi y era la sirvienta de la esposa de Kamsa. Putana, en su nacimiento previo, nació como la hija de Mahabali, con el nombre de Ratnamala. Cuando Vamana apareció ante Mahabali durante el *Iagñá*, Ratnamala deseó mentalmente lo siguiente: "¡Oh, si sólo este Vamana se volviera mi hijo! Entonces podría darle pecho". Vamana, el omnisciente, comprendió el deseo de Ratnamala. Así, durante la encarnación de Krisna, Ratnamala nació como Putana y Krisna le dio su salvación al beber la leche de su pecho y apretarla hasta morir.

BrV Purana, capítulo 4-10

Aquí encontramos dos áreas que se despliegan de la ley universal:

- La satisfacción del deseo de dar pecho, que mamara de ella el Señor.
- La intención de matar y que la maten.

2. Purana describe la historia de Bharata para mostrar cómo la cautividad conduce al renacimiento.

Bharata era el hijo mayor del rey Risabha. Bharata, como su ancestro, era muy erudito, afectuoso y siempre respetaba sus deberes. Siempre meditaba en el *Parmapurusa* en la forma de Vasudeva. Gobernó al país por largo tiempo, dividió su reino entre sus hijos y se marchó al *asrama* de Pulaha. Un animal piadoso se bañaba todos los días en el río y murió en la margen del río. En su siguiente vida, el venado nació como el hijo de un brahmán en la línea de Angiras. Fue el único hijo de la segunda esposa del brahmán y la primera esposa tenía nueve hijos. A su debido tiempo, el brahmán murió y la segunda esposa saltó a la pira funeraria. Como huérfano, Bharata fue maltratado por sus hermanos y se le pidió que cuidara el ganado. Con gran paciencia, Bharata hizo todo lo que se le pedía hacer. En la medianoche de un día en que Bharata estaba montando guardia en los campos de sus hermanos, *Candalas* estaba festejando el nacimiento de un hijo. Cuando llevaban a un hombre como ofrenda para la diosa, escapó. Mientras buscaban un sustituto, encontraron a Bharata, lo ataron con cuerdas y lo llevaron como ofrenda para la diosa. El resplandor del brahmán sorprendió a Kali, que enojada por llevarle a un brahmán tan piadoso como *bali*, la diosa devoró a los *Candalas* y permitió que el brahmán se marchara libre. Escapando de ahí, Bharata llegó a un pueblo. El rey de ese lugar, conocido como Rahugana, iba a ver al sabio Kapila y pidieron al brahmán que fuera uno de los cargadores del palanquín. Conforme avanzaban, el palanquín se sacudía por escalones malos. El rey reprendió a Bharata. Bharata le contestó al rey en forma apropiada basado en la ética del *Vedānta*. La erudición de Bharata impresionó en gran medida al rey; se bajó y le pidió que lo aceptara como discípulo. A partir de entonces, Bharata se dedicó a la meditación y alcanzó la liberación.

Bh.P 5º Skanda

3. Sivasarman, un brahmán bien educado, tenía cinco hijos, los cuales estaban todos consagrados a su padre. El padre decidió poner a prueba la devoción de cada uno de los hijos. Por las bendiciones del señor Siva, tenía todos los *siddhis* y el poder de la ilusión. Puso a prueba a sus primeros cuatro hijos ordenando a cada uno tareas difíciles y los hijos obedecieron a su padre, incluso ofreciendo su vida. El padre quedó satisfecho con los cuatro hijos y los bendijo. Ahora deseaba poner a prueba a su quinto hijo, llamado Somasarman. Le dijo a su hijo que deseba salir en peregrinaje y le pidió que cuidara el

recipiente que contenía néctar, el cual trajo el cuarto hijo. El hijo lo guardó con gran cuidado por diez años. Entonces Sivasarman volvió de su peregrinaje. Con magia, se había vuelto leproso e hizo que su esposa también estuviera leprosa. Somasarman sintió dolor al ver a sus padres en esta condición y los sirvió con meticulosidad. Predecía sus deseos y necesidades y los satisfacía. Sin embargo, el padre solía perder los estribos y lo golpeaba, pero el hijo no perdió los estribos en ningún momento.

Así pasó el tiempo. Los padres estaban satisfechos con su hijo, pero deseaban hacerle una prueba más. Después de robar el néctar del recipiente con magia, el padre le pidió al hijo el recipiente de néctar. Cuando Somasarman examinó el recipiente, para su horror notó que no estaba. Sin embargo, llevó el recipiente a su padre diciéndose: "Que haya néctar, si he servido bien a mis mayores y si soy leal y seguí la austeridad pura". El recipiente se llenó de néctar. Sivasarman bendijo a su hijo y por su poder del yoga, ascendió a *Vaikuntha* junto con su esposa. Después de esto, Somasarman empezó a practicar la forma más intensa de *tapas*. El temor de *asuras* se apoderó de él mientras estaba en meditación profunda. Mientras exhalaba con su último pensamiento sobre *asuras*, nació como

Prahlada en su siguiente vida, hijo de Hiranyakasipu. Prahlada tuvo la fortuna de ver al señor Vishnú ante él; el Señor le dijo que como tenía un deseo de ser rey en su nacimiento previo, tenía que nacer como rey.

PP-Bhumikhanda

Capítulo III

Nacer, nacer de nuevo...

Oblaciones oscuras

Capítulo III

Oblaciones oscuras

अन्नाद्भवन्ति भूतानि पर्जन्यादन्नसम्भवः ।
यज्ञाद्भवति पर्जन्यो यज्ञःकर्मसमुद्भवः ॥

कर्म ब्रह्मोद्भवं विद्धि ब्रह्माक्षरसमुद्भवम् ।
तस्मात् सर्वगतं ब्रह्म नित्यं यज्ञे प्रतिष्ठितम ॥

Del alimento los seres llegan a ser; de la lluvia se produce el alimento;

de Yajna procede la lluvia; Yajna nace de *karma*.

"Comprende que *karma* surgió del Veda y el Veda de lo imperecedero. Por lo tanto, el Veda Omnipresente está siempre centrado en Yajna.

B. G. III-14 y 15

Materia y espíritu

El renacimiento es posible sólo para aquellos que nacieron antes. El mundo de filósofos, científicos y buscadores de la Verdad no pueden poner sus manos en esto: ¿Qué se supone que nació, el Espíritu o la Materia? Cuando hablamos de renacimiento, se confunde hasta la confusión. La teoría de la Conservación de la energía nos hace fijar en el hecho de que nada nuevo aparece en absoluto; es sólo la modificación de la materia lo que tiene lugar, condicionado por el espacio y el tiempo. "Nacido" significa algo nuevo, que no existía antes. Ahora, al centrarnos en el cuerpo físico de un individuo, ya existía en forma rudimentaria.

¡Bueno! Cuando dijimos que la materia no nace, entonces, ¿tal vez sea el Espíritu? Eso tampoco es posible. La materia pasa al menos por modificación, mientras que en lo que se refiere al Espíritu, ni siquiera puede suceder eso. El Espíritu es eterno, inmutable, omnipotente e infinito. Tal vez ahora la pregunta es, entonces: ¿Cuál es ese nacimiento que queremos decir aquí? Vemos a un niño que empieza a existir, crece hasta la madurez, la vejez y desaparece de repente. ¿Cómo llamamos a estos fenómenos, si no deseamos dar el nombre "nacimiento"?

Precisamente es una unión de la materia y el Espíritu. Para darle un nombre genérico, debemos comprender la Conciencia, que no es más que el Espíritu. Siempre está presente, en todos los lugares y en todos los tiempos. Durante el nacimiento de un individuo, el Espíritu se manifiesta. Aquí la palabra "nacimiento" se emplea para transmitir la idea, que es familiar y se conoce comúnmente. En el sentido real, nada nace, sino que es sólo manifestación. Incluso en el tiempo del diluvio [*Pralaya*], nada se pierde, ya que todo vuelve de su estado burdo al estado sutil y de nuevo, en la aurora de la creación, los objetos latentes se manifiestan.

Para aceptar la palabra "latente", debemos ir a la secuencia y consecuencia de la semilla y el árbol. El árbol completo, incluyendo hojas, frutas, flores e incluso las futuras semillas, está en condición latente en esa semilla única, que se convierte en un enorme árbol con la condición apropiada de tiempo y espacio. La semilla es la causa y el árbol con sus atributos es el efecto. De nuevo, el árbol se convierte en la causa para la semilla y así, este mundo también avanza y avanza en un orden cíclico, la relación de causa y efecto avanzan perpetuándose. En un ciclo, no se puede encontrar el origen del primer inicio del ciclo y rompernos la cabeza al respecto no va a resolverlo ni a dar luz a nuestros problemas en forma alguna, ya que cualquier punto en la periferia del ciclo constantemente lo precede y sucede una y otra vez.

Micro y macro

Como muchos componentes del universo, el todo y las partes o el principio total e individual se pueden aplicar a nuestros cuerpos sutiles o de causa, que son, todos, materia en la naturaleza. Un individuo tiene visión, audición y poder o energía para elevarse y para caminar en el nivel micro y está el total de todas las fuerzas, juntas, conocido como substrato [*adhistanam*] y esto se identifica con el *adhistana* del dios, que preside el total de la energía funcional. Se presta este poder o energía a la facultad del individuo y mientras esté disponible, se puede funcionar con él. En cuanto se retira, no podemos funcionar, es decir, la facultad particular no responde, a pesar de que los órganos estén en verdad ahí, a lo que se conoce como *golakam*, es decir, aunque los ojos están ahí, uno no puede ver; los oídos están ahí pero son incapaces de oír, las manos y las piernas están ahí pero sin capacidad para funcionar en ese lugar.

Por lo tanto, se puede ver que para cada función, tenemos una deidad correspondiente que la preside. Para el poder de los ojos, es el dios Sol [el poder y no el disco solar], para la mente es la luna, para el poder de las piernas es *Vishnú*, para el poder de elevarse es la diosa *Indra*, para el poder de la audición es el Señor de los cuartos, para el poder de respirar es el dios *Vayu*, para la evacuación es Yama, para la procreación es *Prajapat*, etc. Todos los poderes juntos son *Hiranyagarbha*, que es la suma de todos los poderes ante los que está subordinado el poder individual [*los dioses*]. En un ejemplo moderno, podemos compararlo con el ministro y el primer ministro. De la misma manera, se conoce al total de cuerpos burdos con el nombre *Virat* y el total de cuerpos causales es *Isvara*. A *Isvara* con funciones complementarias [*maya*] como lo Omnipresente, Omnisciente, el mismo Creador y sustentador, ante el que todo se resuelve durante *Pralaya* y que se mantiene en un estado de existencia sin manifestar. Él produce la creación, es decir, la manifestación para agotar los frutos de las acciones pasadas de los individuos y las acciones totales del ciclo. Nuestro cuerpo físico, *annamaya kosa*, que consta de carne, hueso, médula ósea, sangre y piel, es de naturaleza inerte, formado por los cinco grandes elementos sutiles a los que se ha vuelto burdos. Los cinco grandes elementos sutiles, es decir, cielo, aire, fuego, agua y tierra, también son de naturaleza inerte pero heredaron la cualidad de *satva, rajas* y *tamas* de *maya, la madre*, de la que son proyecciones. Las otras propiedades de los elementos son sonido para el cielo, sonido y tacto para el aire, sonido, tacto y forma para el fuego, sonido, tacto, forma y sabor para el agua y la parte tiene, aparte de todas las cuatro cualidades anteriores, su propia cualidad de olfato. Entre más sutil es el elemento, menores son los atributos y entre más burdo sea el elemento, mayor es el número de atributos. Los elementos sucesivos heredan las cualidades de los elementos de que aparecieron, además de su propia cualidad. Por ejemplo, el aire apareció del cielo, así que tiene la cualidad del cielo, el sonido, además de su propia cualidad del tacto. El cuerpo causal es la causa del cuerpo sutil y del burdo, y de la misma manera, el estado casual es la causa del estado de sueño y de vigilia. Las distinciones anteriores son entre el estado de existencia y la formación de los cuerpos; sin embargo, todas ellas son de naturaleza inerte.

El despertar de la esencia

La tierra es la vida y esencia de todos los cuerpos, móviles e inmóviles, una maravilla para todos los seres, el agua es la esencia de la tierra que se está invadiendo. Las hierbas son el efecto del agua y el agua es la causa. Las flores de las hierbas, los frutos de las flores, el hombre de la verdad y la semilla del hombre para otros, que emana de todas las partes del cuerpo son la esencia respectiva. La semilla encuentra su morada en la mujer donde el nacimiento es a través del vientre y con el mismo principio, pero a través de diferente instrumentación, suceden los nacimientos de otros seres inferiores. Los agentes de propagación son:

Vientre	Mundo humano y animal.
Cáscara de huevo	Aves y reptiles.
Humedad	Insectos y microbios.
Abrir rompiendo	Como sucede en el caso de plantas y árboles.

Los rituales del fuego [sacrificios]

Agni-hotra [sacrificios de fuego] es un *karma* creado por la *sabiduría védica,* un gran diseño que demuestra la acción [*karma*] y el efecto [reacción y su producto]. El Veda lo llama por otro nombre, *Yajna.* Todos los *Yajnas* apoyan al *karma* en la gloria del Señor.

ब्रह्मार्पणं ब्रह्म हविर्ब्रह्माग्नौ ब्रह्मणा हुतम ।
ब्रह्मैव तेन गन्तव्यं ब्रह्मकर्मसमाधिना ॥

B.G. IV-24

La naturaleza de *Yajna,* la oblación, es Brahmán, aquello que se ofrece en el fuego, la mantequilla clarificada es Brahmán, el contenido material de la oblación es Brahmán, el fuego es Brahmán, quien recibe la oblación es Brahmán, el *yajamana*, la persona dedicada al *Yajna* es Brahmán y la acción misma con la que se lleva a cabo el *Yajna* también es Brahmán.

Así, hay una no-dualidad en el *triputi* aparente, el hacedor, la acción y el deseo [*karta, karyam* y *kama*]. Las variedades y tipos, de lo que hemos hablado antes en "compensación y retribución", se pueden visualizar apropiadamente con los ejemplos siguientes:

- El desempeño del sacrificio es sólo para dioses. Otros ofrecen su ser como sacrificio del ser, en verdad en el fuego de Brahmán.
- Algunos otros ofrecen la audición y otros sentidos en el fuego de la restricción, mientras que otros ofrecen sonido y otros objetos de los sentidos como sacrificio en el fuego de los sentidos.
- Ofrendas de todas las acciones de los sentidos y funciones de la energía de vida como sacrificio en el fuego del autocontrol, animadas por el conocimiento.
- También están las ofrendas de riqueza, austeridad y *Yoga* como sacrificio, añadidas a otros sa-

crificios, como la autonegación, votos extremos, estudio sagrado y conocimiento.

- Incluida en la lista de los sacrificios está la respiración de salida en la respiración de entrada y al contrario, la respiración que entra en el aliento de salida, que significa la regulación y el control del alimento y los hábitos alimenticios.

Se tienen ejemplos de puntos de vista holísticos que en todo suceso de la función de la naturaleza existen cosas que forman y confirman el tema, objeto, instrumento de la acción, el hacedor y los beneficios de la acción.

Las infraestructuras *védicas* básicas de los rituales son:

1. El hacedor del sacrificio: *karta*.
2. La acción: el desempeño del ritual que es impuesto por los Vedas en el fuego. [*Karma-kanda.*]
3. Los beneficios [resultados], el objetivo mismo en que se basa la acción, que es el deseo que instituyó la acción.
4. Los materiales que se requieren en el desempeño. El grupo de materiales y los implementos utilizados, que forman las oblaciones, se encuentran en esto [sólido, semilíquido y líqui-

do]. Además de esto, también están los recursos humanos y monetarios. Se conoce a los *mantras védicos* y los contenidos de la escritura con el nombre *Daivi vittam* [riqueza divina].

Transporte

En este contexto tan imaginario, visualizamos el fuego del sacrificio y sus diversos componentes, chispas, humo y flama, etc., junto con las oblaciones, que se ofrendan en el fuego de sacrificio, el receptor y la transferencia a otros dioses, si las oblaciones están dirigidas a otros, que encienden al dios mismo. La oblación ofrecida se convierte en el objeto deseado [como un intercambio de dinero] y aquí está un ejemplo:

Un hombre que nació debe morir después de agotar su *Prarabdha karma*. El agua es el reposo del cuerpo. Cuando una persona está muriendo, su habla se fusiona con la mente, la mente se fusiona con *Prana*, el *Prana* con el fuego y luego el fuego se fusiona con la deidad Suprema. En primer lugar, su habla falla, pero la mente todavía está activa, más adelante, la mente cesa de funcionar pero todavía la persona está respirando, la respiración cesa, pero se mantiene el calor del cuerpo [cuando la persona todavía no está muerta] y cuando el calor se marcha, todo termina. El fuego es el fuego, mantenido por él durante su vida, así sucede con el combustible, el humo, la flama, las cenizas, las chispas, etc., y la oblación es el cuerpo en el último rito.

El último rito: la oblación del cuerpo

Cuando el cuerpo ha perdido la vida, se le lleva para encomendarlo al fuego, el último ritual del cuerpo burdo. El fuego mismo es conocido por el nombre de las escrituras de *daksinagni*. El *Garhapatya agni* que se atendió durante toda la vida después del matrimonio, da el derecho a estos ritos. Aquí el individuo, que ha ofrendado oblaciones de diferentes materiales en el fuego ritual *ahavaniyagni*, ahora no puede ofrecer nada más que su propio cuerpo. El pueblo ofrece su cuerpo al fuego en su nombre. El dios *agni*, el dios del fuego, después de aceptarlo mediante el ritual, da en intercambio otro cuerpo que es capaz de cumplir con el requisito de *bhoga* y *loka*. Este cuerpo físico sutil es tomado por el dios respectivo para ofrecerlo como la oblación que se comenta bajo el título de "*las cinco oblaciones*", para volver a la vida humana, siempre y cuando uno sea elegible para el siguiente nacimiento también en forma humana.

Los senderos gemelos de viaje

El *Jivatma* que transmigra por la muerte toma uno de dos caminos, conocidos por el nombre técnico *Devayana* o *Pitryana* [el camino de la luz o del humo, conocimiento o ignorancia], uno conduce a una región superior y el otro se detiene y se rezaga. Este avance y regresión no se debe a la luz astral de días, meses y años, sino que los dos caminos son la expresión alegórica del camino de los méritos y deméritos que ha ganado el alma encarnada, durante su viaje [al vivir en una morada particular, el cuerpo]. Es el brillo o avance, es la ignorancia, el estancamiento y el deterioro que se señalan durante la muerte. El camino de luz admite la claridad de la conciencia o la expansión de la Conciencia mientras se deja el cuerpo, en comparación con la mitad brillante de la luna y los seis meses del camino del norte del sol, al contrario de la oscuridad de la ignorancia de sí mismo en el otro camino, oculto como se le compara aquí. Es deseable tener éxito en llegar al camino de luz, pero más bien debería ser una meta lograr la libertad del ciclo de nacimiento y muerte, que se debe alcanzar, en uno u otro momento, y entre más pronto, mejor. La ventaja de alcanzar el camino de la luz es la meta progresiva del nacimiento humano. Al conocer estos dos senderos, no se engaña el *yogui*, lo que significa que uno hace esfuerzos positivos por actuar en una forma así mediante el desempeño apropiado de los rituales, etc., que sean propicios, y evitando los que no son deseables.

También se conoce a los caminos como *Sukla* y *Krisna gati*. *Sukla* representa el camino brillante y *Krisna* el oscuro. La oscuridad se puede comprender como el que carece de la luz del conocimiento o también de la ignorancia. De acuerdo a nuestras escrituras, los caminos están separados uno del otro y el aliento de la vida sale de un orificio diferente del cuerpo. El viajero del sendero brillante surge del *susumna nadi* en el punto medio de la cabeza, conocido como *Brahmarandham*. Al viajar en el sendero oscuro, la respiración surge o deja el cuerpo de otros orificios, como boca, nariz, ojos, etc.

Designación del camino

Después de practicar la austeridad con fe, viajan, después de la muerte, al mundo de luz. Del mundo de luz, van al mundo del día; del mundo del día al mundo de los quince días brillantes; del mundo de los quince días brillantes a los seis meses cuando el sol se mueve hacia el norte; de ahí van al año; del año al sol; del sol a la luna; de la luna al rayo. La descripción previa es de *dioses* funcionales respectivos para aceptar y guiarse. Que alguien, no humano, los recibe y lo conducen a *Brahmaloka*. De *Brahmaloka,* uno llega a *kramamukti*: el camino de los dioses.

El segundo sendero es para las personas que llevan a cabo actos de servicio social y caridad, etc., y pasan por el camino de humo [*krisna gati*], al mundo de la noche; del mundo de la noche van al mundo de los quince días oscuros y del mundo de los quince días oscuros van al mundo de los seis meses cuando el sol se mueve hacia el sur. Ése no es el mundo del año sino el mundo de los ancestros y de ahí van al cielo. Del cielo van a la luna, el rey *Soma,* el alimento de los dioses. Aquí el alimento significa que se les utiliza para los servicios de los dioses y no que se los comen. Después de vivir en el mundo de la luna para agotar los frutos de los servicios prestados por ellos a la sociedad, vuelven a la sociedad, por el camino que vinieron al mundo del cielo, aire, humo [niebla], nube, lluvias, cereales [arrozal, plantas, granos, etc.], para convertirse en *Purusa bija* si los come el ser apropiado para producir hijos exactamente como ellos, y así los buenos y malos nacimientos ocurren de acuerdo a los hechos, como *Brahmana, Kshatriya,* seres humanos inferiores o animales.

Aquellos que no siguen alguno de los dos senderos descritos antes, nacen como animales pequeños, insectos, etc., una y otra vez, y tienen vida corta. Aquí el sendero significa al gobernante o la deidad que preside de luz, oscuridad, día, año, etc., como la guía al destino ya comentado. También se pueden comprender luz y oscuridad como un viaje feliz, un viaje doloroso y difícil, etc. Por lo general, experimentamos comodidad e incomodidad cuando vamos en compartimiento de primera clase en tren, que se puede comparar con el compartimiento no reservado general, donde no hay suficiente espacio ni siquiera para ponerse en pie, huele, te jalan y empujan, etc. De nuevo, se pueden comprender los senderos brillante y oscuro en relación con conocimiento e ignorancia y el efecto resultante que tiene en el equipo sensorio a nuestra disposición. Los seres humanos tienen cinco órganos de los sentidos, mientras que en el caso de los seres inferiores, tienen 4, 3 ó 2, etc., y así es el gozo que reciben de ellos.

De un cuerpo al siguiente: la muerte

Se ha comparado al *Jiva* con los viajes del estado del sueño al de la vigilia, de vuelta al sueño, etc., hasta que alcanza ese estado en que ya no están involucrados más viajes. Después de todo, debe haber algún propósito o causa de este viaje de ida y vuelta y hemos abordado estos puntos de discusión en alguna otra página. Aquí se traza la comparación para enfatizar las privaciones que la persona sufre cuando deja la casa que ocupa en la actualidad con el fin de ocupar otra rentada [vivienda] con mucho equipaje casero, es decir que el karma se gana.

En *Gita*, capítulo 15-8, se encuentra una referencia: "cuando el amo [el alma] consigue un cuerpo y cuando lo deja, lo toma y lo deja como una brisa que lleva los aromas desde sus fuentes".

¿Por qué cambiar de casa? Puede haber diversas razones, como vemos, para la muerte, pero algunas de ellas se pueden resumir así:

- Se ha completado el propósito mismo para el que se consiguió el cuerpo, es decir, se cumplió la misión.
- El cuerpo se ha vuelto débil y no vale la pena usarlo más por el agotamiento de su fuerza, debido a modificación: *vikaras*.
- No es posible más experiencia de *prarabdha* con el tipo existente de morada [el cuerpo].

Al morir, se separa el cuerpo burdo del cuerpo sutil mientras sus complementos limitantes, se van haciendo ruidos, el estertor de la muerte que causan, cuando la respiración se vuelve difícil, y a los que se ha comparado con una carrera muy cargada, que avanza retumbando conforme se sacuden los artículos en ella, haciendo ruidos. Los cambios son en el cuerpo y en las partes del cuerpo, que fueron bendecidas por el individuo o por una *divinidad* particular y estas *divinidades* son bendecidas por el total. La deidad que preside de los ojos, el sol otorga el poder de ver, dirigido por la obra pasada de quien lo experimenta, continúa ayudando en las funciones de los ojos mientras viva, pero deja de ayudar a los ojos y se fusiona en su propio ser, el sol, cuando el hombre está a punto de morir. No ve, huele, saborea, habla, escucha, piensa ni toca ya que estas facultades se han unido a sus deidades que presiden, las cuales a su vez dejan de bendecir a los órganos del moribundo. Estos cuerpos sutiles funcionales se despiden y se preparan para la bienvenida de nuevo en el siguiente cuerpo según el requerimiento y propósito.

¿Cómo parte la fuerza de vida? Parte de la zona superior del corazón y sigue el canal de los ojos, la cabeza o cualquier otra parte del cuerpo y junto con la fuerza vital va la conciencia particular, que es el conocimiento del trabajo y las experiencias pasadas. Por ejemplo, cuando se relaciona la ex-

periencia pasada con el conocimiento, el Sol es la deidad que preside para los ojos y el símbolo del conocimiento. De la misma manera, otros orificios del cuerpo en cuestión enfatizan las experiencias de acuerdo a lo que se razonó en lo anterior... los órganos sutiles se mantienen unidos dentro del corazón. La inteligencia con resplandor propio del Ātman se manifiesta en particular en el cuerpo sutil. Un hombre logra ese mismo objeto en que piensa en el momento de la muerte. Existen numerosos y muy amplios apoyos en las escrituras a la idea. En este punto, todos tienen una conciencia que contiene impresiones en forma de modificaciones de la mente con respecto a la próxima vida... el trabajo mismo que va a construir el próximo cuerpo. No es posible escoger los pensamientos en ese momento particular de la muerte ya que no somos independientes hasta ese grado, cuando no nos hemos establecido en el yoga y el conocimiento correcto. La ley que actúa es "uno en verdad se vuelve bueno mediante el buen trabajo y en malo mediante el trabajo maligno". Como el órgano vocal del moribundo está unido en fuego, la nariz en aire, los ojos en el sol, los oídos en los cuartos, el cuerpo en la tierra, el espacio del corazón en el espacio, el cabello en el cuerpo de las hierbas, el de la cabeza en los ár-

boles y las sangre y la semilla en el agua, ¿dónde está el hombre y sus acciones? Por lo tanto, sólo las acciones acumuladas son las únicas responsables de la acción nueva. Aquí tenemos el propósito de comentar dos puntos importantes más.

¿El viaje que implica es movimiento posterior de un medio a otro que no es el suyo o se arranca por completo del punto, aterrizando simplemente en el otro como un ave?

A esto se le describe como el movimiento de una sanguijuela que se mantiene sujeto en la paja existente, va al extremo de la misma, sujeta otra, y cuando se ha establecido la sujeción, pasa ella misma mediante contracción de la primera sujeción. De la misma manera también el nuevo cuerpo se vuelve consciente, cuando el cuerpo previo queda inconsciente. De hecho, la preparación del nuevo cuerpo se inicia de inmediato cuando se está en el primer cuerpo. Todos los pensamientos y acciones, tanto mentales como físicos, pasan a construir el siguiente cuerpo de manera simultánea. Sin embargo, hay libre albedrío hasta el último momento, que se pierde con el último aliento, en que como en un sueño el Ser crea un nuevo cuerpo y lo habita como si estuviera en ese cuerpo soñado. Así es como tiene lugar la formación y el movimiento del siguiente cuerpo. El cuerpo es el medio del cuerpo, lo que quiere decir que el Ser emplea el cuerpo presente para hacer más cuerpos y esto continúa en sucesión. La idea en que se basa es tener un mejor mañana, pero las buenas y malas obras lo impiden, en especial las indeseables, que hacen retroceder el progreso.

Las cinco oblaciones

Aquí estamos hablando de la vuelta del hombre que no está liberado en el nacimiento presente ni ha ido a *Brahma loka,* para su liberación en el proceso debido y tampoco aquellos que han caído a un mundo inferior de existencia.

Este universo era sólo agua [oblación líquida], relacionado con sacrificios en el principio. El agua produjo *Satya* y *Satya* es Brahmán. Brahmán produjo Prajapati y Prajapati a su vez produjo los dioses. Los seres humanos también tienen una porción importante como agua. Por lo tanto, la primera oblación que produce el cuerpo humano sutil también es en forma de agua [*jala sarira*].

La primera oblación es fe [líquido-agua, el principal componente del cuerpo].

El fuego es el mundo [del cielo], el combustible es sol, el humo es los rayos del sol. La flama es los cuatro cuadrantes; sus cuadrantes intermedios son sus chispas.

El rey luna ha nacido… significa que se hace un cuerpo en la luna para el que hace sacrificios. El cielo es el fuego *Ahavaniya* [*agni*]. La fuerza vital en el cuerpo sirve como sacerdote en diferentes puntos como se muestra por el nombre de los dioses que adoptan la forma apropiada requerida.

La segunda etapa es el *Parjanya* [el dios de la lluvia, que aquí es fuego], el año es combustible y el humo es nube. La flama se convierte en rayo, el trueno en sus cenizas y los retumbares son las chispas. En este fuego, los dioses ofrecen al rey luna para resultar en lluvias. La tercera oblación se ofrece en este mundo, donde la tierra es el combustible, la flama es noche y las estrellas son chispas. En este fuego, los dioses ofrecen la oblación: la lluvia para producir el alimento [las hierbas y las plantas]. La noche es flama, originándose del contacto del combustible y el contacto de la tierra es el combustible como la sombra de la tierra es la oscuridad de la noche. En la cuarta oblación, el fuego es el hombre con la cabeza, las manos, etc., el combustible es la boca abierta, que también es la fuente del habla, de la fuerza vital, etc., la flama es la palabra que significa el objeto y revela cosas. Los ojos son cenizas que representan la fuente de la luz; las orejes, debido a su naturaleza dispersa representan chispas. Los dioses ofrecen oblación en este fuego, el alimento, para producir la semilla que surge del alimento, comida por los seres humanos masculinos.

De acuerdo a los *grhyasutras*, desde el matrimonio, se exige que el marido se acerque a la esposa cada mes, cuando ella está ceremonialmente pura después de su periodo mensual, pero incluso antes de la concepción se deben cumplir diversos votos de acuerdo al deseo de poseer diferentes tipos de cualidades por parte del niño: *Brahmana, Srotriya* [aquél que ha recibido un *sikha*], *anudhara* [que ha recibido los *vedangas*], rsikalpa [que ha recibido *Kalpas*], *bharuna* [que ha recibido *sutras* y *pracacana*], *Rsi* [que ha leído los cuatro *Vedas*] y *dios* [que es superior a todo lo anterior]. Al final del voto, se ofrece alimento cocinado al fuego. Después de eso, se preparan las parejas para cohabitación, cuando la esposa se decora decentemente, el marido recita versos *védicos* que contengan símiles de la creación natural y la invocación a los dioses para ayudar a la mujer en la concepción. Se dicen metáforas de acciones conjuntas y otras oraciones. Hay reglas determinadas de cuándo debe tener lugar la concepción, noches recomendadas y prohibidas, consideraciones astrológicas y cómo se debe acercar a la mujer.

También se debe presentar la veneración de los dioses *puránicos*, comenzando con el señor Ganesha. También están los elementos de tiempo y en este punto, la idoneidad del día. Por lo general, es del día cuatro al dieciséis después del periodo mensual de la esposa, algunos consideran el cuarto día como puro, pero mirándolo en forma más racional. Está prohibido durante el día. Da un salto a la mala suerte y nacen hijos débiles de vida corta. Sin embargo, la excepción a esto es que las mujeres deben quedar satisfechas, de manera que no se descarríen.

Ahora bien, el *Bhaudayna dharma Sastra* dice: Un niño concebido en la cuarta noche resulta de vida corta y sin riqueza, una niña concebida la quinta noche da a luz sólo niñas, un hijo concebido en la sexta noche se vuelve mediocre, una niña concebida en la séptima noche será estéril. El niño concebido en la octava noche se vuelve un señor y próspero, y si la concepción tiene lugar en la novena noche, es poco propicia si nace una niña, un niño del décimo día será sabio, una niña del décimo primer día se vuelve irreligiosa, el hijo del doceavo día se vuelve el mejor hombre, la niña del día trece se vuelve adúltera, el niño del día catorce se vuelve religioso, agradecido, autorrealizado y firme en sus votos, mientras que la niña del día quince será la madre de muchos hijos de sexo masculino, devota hacia el marido, auspiciosa y fiel, y el niño de la noche dieciséis se convierte en una persona educada, auspiciosa, fiel, ecuánime y refugio para todas las criaturas.

Se supone que el sexo del niño está determinado por el número de la noche en que la concepción tiene lugar. Las noches par se seleccionan para el nacimiento de un hijo y las non para una hija. Se creía que la cantidad de semen y la descarga menstrual eran responsables del sexo del hijo. Se prohibieron ciertas fechas del mes para la concepción, por ejemplo, 8, 14, 15 y 30, y todas las personas que cumplen lo anterior continúan siendo *brhamacari*. Manu también considera los días 11 y 13 del mes. Cabello, sangre y carne proceden de la madre y arterias, huesos y médula ósea del padre.

Tipo de hijo que desea

Aquí se detalla el proceso que conduce al nacimiento de un hijo de sexo masculino con virtudes específicas que uno desea que tenga. Está dirigido a los que meditan en las fuerzas vitales [*prana*] y también han llevado a cabo la ceremonia conocida como *mantha upasana*, que conduce a prosperidad y el nacimiento de un hijo de sexo masculino. Después de este *upasana*, la persona debe esperar el periodo apropiado de su esposa.

El dios *Prajapati* quedó impresionado al encontrar la morada para esta esencia de su propagación del universo y, por lo tanto, hizo aparecer a la mujer. El hombre debe recitar el verso como es: "Quieran los dioses otorgarme brillo, hombría, reputación, riqueza y méritos". Su esposa en verdad es la diosa de la belleza entre las mujeres. A partir de ese momento debe aproximarse a su reina de la belleza. El momento correcto a que se hace referencia antes significa que cuando ella se ha bañado después de tres noches, uno debe ganarse a su esposa y, en el proceso, murmurar: "te transmito reputación", y ambos tendrán reputación.

La mujer que sufre de enfermedad menstrual debe beber tres días de una taza. Ningún hombre o mujer *Sudra* debe tocarla. Después de bañarse debe ponerse ropa nueva y dedicarse a trillar arroz. Para que el hijo nazca blanco se debe cocinar arroz en la leche, que deben comer con mantequilla clarificada tanto el esposo como la esposa. Si los padres desean que su hijo nazca leonado o moreno, deben estudiar dos *Vedas* y para que el niño tenga una vida completa, deben cocinar arroz en cuajada y ambos lo deben compartir con mantequilla clarificada. Si el deseo es tener un hijo de color oscuro con ojos rojos, se deben estudiar tres Vedas y para tener una vida completa, deben cocinar el arroz en agua y se debe tomar con mantequilla clarificada. Con el fin de tener un hijo erudito que tenga una vida larga, el arroz se debe cocinar en ajonjolí y ambos lo deben comer con mantequilla clarificada. Para que un hijo tenga reputación, que se le vea con frecuencia en asambleas y que diga palabras deliciosas, deben estudiar todos los *Vedas* y para una vida completa, el arroz se debe cocinar con la carne de un toro vigoroso [debe ser capaz de tener crías] y se debe tomar con mantequilla clarificada.

En la mañana misma, él debe purificar la mantequilla aclarada de acuerdo al modo de *sthalipaka* y ofrendar oblación de *sthalipaka* una y otra vez, diciendo *svaha* al fuego, *svaha* para animar, *svaha* al sol radiante, lo cual produce resultados infalibles. Después de la ofrenda, él toma los restos de la comida cocinada, come parte de ella y da el resto a su esposa. Entonces se lava las manos, llena el recipiente de agua y rocía tres veces con el agua a su esposa diciendo: "levántate de aquí, Visvavasu y encuentra otra mujer joven [que esté] con su marido" [se debe pronunciar sólo una vez]. Entonces el marido abraza a su esposa diciendo: "Yo soy la fuerza vital y tu eres el habla, tú eres el habla, yo la fuerza vital. Soy *Sama* y tú eres *Rg*. Soy el cielo y tú eres la tierra, ven, vamos a esforzarnos para que podamos tener un hijo de sexo masculino".

Se ofrenda la quinta oblación en el fuego, la mujer en sacrifico por los dioses, el resultado es el nacimiento del hombre. El agua líquida designada como fe, ofrendada sucesivamente en el fuego de cielo, dios de la lluvia, este mundo, el hombre y la mujer en formas cada vez más burdas, fe, luna, lluvia, alimento y semilla en forma respectiva produce a lo que se llama el hombre. El hombre burdo ha surgido del cuerpo de agua sutil que otorga el fuego en intercambio por el cuerpo sin vida que se ofrece al fuego como oblación. Y este cuerpo sutil se somete a modificación mediante las cinco oblaciones del fuego que se comentaron en lo anterior. El conocimiento y la meditación en los cinco fuegos dan el beneficio de alcanzar el viaje del sendero del norte.

Cinco fuegos

El cielo, el dios de la lluvia, este mundo, hombre y mujer.

Cinco combustibles

El sol, el año, la Tierra, la boca [abierta] y *asrama dharma*.

Cinco oblaciones

La fe, el rey luna, la lluvia, el alimento y la semilla humana.

Ahora vamos a ver qué incomodidad hay en la quinta oblación, aunque no es específica de esta oblación en particular, pero que se puede expresar en forma más auténtica bajo este título en comparación con los puntos de las otras cuatro, que son los sufrimientos de los *Jivas* en el vientre, que se asocian con el crecimiento en el vientre. Por la fuerza del *karma* previo, que está bajo la dirección de la deidad, el *Jiva* transportado por la semilla del hombre entra en el vientre de manera que su cuerpo burdo puede progresar. En el transcurso de una noche, tiene lugar la mezcla de la semilla y la sangre, en cinco noches se convierte en una masa semisólida, en diez días se vuelve tan duro como una manzana o puede volverse una bola de carne, o un huevo. En un mes, se forma la cabeza, y en dos meses, se forma el cuerpo con manos, pies y otros órganos. Para el final de tres meses, ocurre la formación de uñas, cabello, hueso y piel, además del pene y el ano.

Al final del cuarto mes, se han diferenciado los siete *dhatus* o formas de la materia. Al quinto mes, el hambre y la sed hacen su aparición, al final de seis meses está cubierto con piel externa llamada *jarayu* y en el lado derecho del abdomen, empieza a girar... a estar en un estado de movimiento. En el séptimo mes, empieza a poseer conciencia y comienza a ordenar todas las vidas pasadas y los hechos en esta tierra [*karma bhumi*]. Percibe que su cautividad es causada por la voluntad del señor Hari. Reza: **"Me inclino ante el Señor, que se mantiene en la misma forma, sin asociarse por las condiciones, sin cambiar, quien brilla con ininterrumpida sabiduría y a quien he conocido en mi afligido corazón. Yo que me encuentro escondido, irreal como puede ser, en el cuerpo compuesto de las cinco vainas y que soy la imagen inteligente reflejada como falsa como podría ser en los 'indriyas', gunas y los objetos... alabo y me inclino ante esa persona omnisciente [el Señor] ahora en mi visión de la gloria no afectada por la condición, ya que es el rector de *prakrti* y *Purusa*"**. Esta criatura crece alimentándose de la comida que ingiera la madre y se mantiene en los huecos desagradables [horribles] llenos con orina y excreciones de los que nacen las criaturas. Debido a su suavidad, su cuerpo es mordido constantemente por gusanos hambrientos, que están en el mismo huevo y es con gran aflicción y dolor que se desvanece a cada momento. Tocado por lo amargo, acre, salado, astringente, agrio y otras sustancias semejantes de efecto doloroso, que son devoradas por la madre y que en consecuencia se produce sufrimiento en todo el cuerpo, sujeto por la vaina de membranas [amnios] y en el exterior rodeado por entrañas, se encuentra en esa cavidad con la cabeza doblada hacia el estómago y la espalda doblada como un arco. Aparte de los seres humanos, ningún otro ser viviente tiene la facultad de conocer a dios y hacer enmiendas con la acción correcta y puede comprender al Supremo. Aunque tenemos vidas muy miserables aquí, no deseamos salir de aquí y una y otra vez caemos en la oscuridad del mundo [externo], donde *maya* se apodera del ser, dando la noción equivocada respecto al cuerpo como el ser, para que quede atrapado de nuevo en la rueda de *samsāra*. Por lo tanto, el *Jiva* desea vivir aquí y tener todas las miserias con la ayuda de la mente que ha dado acceso a los pies del señor Vishnú. Cuando el *Jiva,* que está dotado así con el conocimiento y tiene diez meses en el vientre, se queda, alabando al Señor con su mente así formada, pero de repente el viento del nacimiento lo impulsa con la cabeza hacia abajo, de manera que puede salir del vientre. Así, de repente, el viento lo impulsa con la cabeza hacia abajo y gran malestar, el *Jiva* sale, lleno de dolor, sin aliento y privado de la memoria.

El individuo es un manojo de acciones; las acciones que han dado fruto se experimentan, agotan y al mismo tiempo se gana para el futuro. Al caer a la Tierra en un charco de sangre y orina, la criatura está en movimiento como un gusano producido en él, llora con amargura, con la luz del conocimiento desaparecida, y cae en el estado opuesto de oscuridad. Ahora entra en contacto con personas que no conocen la mente de otros y la criatura es incapaz de negar lo que no quiere. Está indefensa. Ni siquiera se puede rascar el cuerpo cuando tiene comezón, no se puede sentir ni poner en pie, no puede resistirse a mosquitos o moscas y está privado del conocimiento que tenía en el vientre, sólo puede llorar y llorar.

Los frutos de sus acciones previas lo mantienen cautivo. Cómo puede este *Jiva* recuperar el estado natural por cualquier otro medio que la gracia del Señor, pero por la virtud de *Maya*, el *Jiva* ha perdido la memoria de su verdadero ser y vaga en el sendero de *samsāra* con los sufrimientos que ahí se producen... el sendero en que queda atrapado con un *karma* pesado por los tres *gunas*.

Lo anterior tiene la meta de unir todas las diferentes formar de transmigración, y la pluralidad se debe a las acciones naturales además de los ritos combinados con meditaciones que se imponen en las escrituras. Los ritos conducen al mundo de espíritus y meditaciones además de que los ritos conducen al cielo. El tema que se ampliará aquí es el conocimiento de los resultados de los ritos y con eso los *Sruti* desean imponer aquí la meditación sobre los cinco fuegos, que es el medio para lograr el acceso al sendero del norte. Éste es el resultado más elevado de los ritos.

El ritual después del nacimiento del hijo de sexo masculino

Se debe mantener al hijo en el regazo junto al fuego de sacrificios. La oblación ofrecida es una mezcla de cuajada, mantequilla clarificada que se ofrenda una y otra vez, diciendo: "Mientras crezcas en esta casa mí [como el hijo], pueda yo mantener a mil personas. ¡Que la diosa de la fortuna nunca se marche con niños y animales de su línea! *Svaha*. La fuerza vital que está en mí, ¡te la transfiero mentalmente! *Svaha*. Si he hecho algo en exceso o muy poco en la ceremonia, que el fuego caritativo que todo lo sabe lo vuelva correcto por mí, ¡ni demasiado ni muy poco! *Svaha*". Después, poniendo la boca cerca del oído del niño repite tres veces "habla, habla, habla". Luego se debe alimentar al niño con miel mezclada con mantequilla clarificada con una tira, que puede ser de oro, diciendo: "Yo pongo la Tierra en ti, yo pongo el cielo en ti, yo pongo el paraíso en ti, yo pongo toda la Tierra, el cielo y el paraíso en ti". Entonces se da el nombre: "Tú eres Veda [conocimiento]". Ése es su nombre secreto.

Después se entrega el niño a la madre, para que lo amamante, diciendo: "¡Oh Sarasvati!, ese seno tuyo, que está lleno con resultados, que es el sustentador de todo, que está lleno de leche, que obtiene riqueza y es generoso, y con el que nutres todo lo que es merecedor, transfiere eso aquí a mi esposa para que el bebé lo beba". Entonces se debe dirigir a la esposa así: "eres adorable como Arundhati, la esposa del sabio Vasistha, has tenido un niño de sexo masculino con mi ayuda, que soy hombre. Sé la madre de muchos hijos de sexo masculino, ya que nos has dado un hijo de sexo masculino". Del que nace como hijo de un *Brahmana* con el conocimiento particular, se dice: "puedas superar a tu padre. Puedas alcanzar el límite extremo de logro gracias a tu esplendor, fama y poder *brahmánico*".

Ignorancia (अविद्या - संसार दर्शनम्)

La vida es un viaje de indefensión a otro estado de indefensión. El joven recibe el apoyo de sus padres para su existencia misma. Las manos de los padres son sus manos; las piernas de ellos son sus piernas para moverse. Puede haber cualquier referencia ya que es de un orden cíclico. Cuando los padres lo hacen estable y capaz, puede llevar a cabo muchas acciones excepcionales y lograr lo imposible, luego deja el mundo como si todas ellas fueran lo más importante. El mundo también tiene una memoria muy corta; las huellas en la arena se mantienen sólo hasta que otra ola las borra. El agua se vuelve olas una y otra vez, eso tiene una forma y se le puede dar un nombre, y además hay una ola grande y una pequeña, o cualquier otro tipo de nomenclatura que nos sirva. El mundo y su contenido están siempre en estado de cambio. Continuamente cambian de una condición a otra. Cuando le damos nombre a una materia, este concepto puede llegar a concebir que este cuerpo está todo el tiempo en el sendero del nacimiento a la muerte. La muerte tiene la forma de destrucción y reemplazo de todas las células. Lo que ayer era la célula hoy puede haber cambiado a desperdicio. En todo momento están muriendo las células y rejuveneciéndose y este proceso tiene al tiempo como factor. El tiempo es muerte porque el tiempo por sí mismo decide qué debe vivir y marcharse. Nuestras respiraciones están numeradas en la escala de tiempo y este tiempo es proporcional, dependiendo del goce y sufrimiento a que uno se debe someter basado en el *karma* [las acciones y los resultados correspondientes]. Esto es la muerte: la reducción en la alegría y el sufrimiento asignados. Es la destrucción del vigor, la energía y la fuerza, juntos, la capacidad para disfrutar además de las reservas de placer para el objetivo del gozo en lo que respecta al individuo.

El nacimiento de nuevo sirve para explicar que todo momento que se pasa en acción en alguna forma se acumula hacia el resultado [mérito y demérito] para ese periodo y estilo de vida particular, que uno experimentará a partir de ese momento. Así que se debe comprender con claridad que nuestras acciones y reacciones tienen dos componentes, uno es el beneficio o resultado de la acción y el otro es como ladrillo para los futuros cimientos, ambos van de la mano. El individuo no puede comprender la diferenciación. Podemos pensar en relación con el viaje conforme avanzamos, cuando nos aproximamos a algún punto, el camino que hemos dejado atrás. Visto así, podemos ver las modificaciones que tienen lugar en el cuerpo, en la materia, sin importar si es incluso un cuerpo de una encarnación, se aplica la misma ley al cuerpo, cualquiera que sea el mérito o el demérito, en el yunque del tiempo. En primer lugar, el cuerpo existe en una u otra forma. Al cuerpo en el vientre de la madre no se le permite vivir más allá del tiempo de vida que se le asignó. Cuando llega el momento, es expulsado por fuerzas naturales en la percepción del mundo y se le otorga un nuevo estado de existencia, que aquí recibe el nombre de nacimiento del cuerpo, que es indefenso, incapaz de satisfacer sus necesidades o de protegerse, de manera que la supervivencia misma del cuerpo depende de los padres.

Los padres se encargan de la comodidad y le proporcionan todos los nutrimentos apropiados para él. Así, el cuerpo empieza a crecer de manera gradual hasta la etapa en que se completa el desarrollo y después se detiene el crecimiento. Ahora se alcanza el estado de la forma madura y ese estado de existencia se mantiene por cierto tiempo de manera que la energía completa se pueda aprovechar para cumplir todos los goces mundanales disponibles a su favor. Después de cierto tiempo, comienza el proceso contrario de desintegración y empieza a declinar de la cima cayendo colina abajo. La energía disipada habla del vigor y la salud del cuerpo y aparecen gran cantidad de debilidades y enfermedades, que estaban esperando apoderarse del sistema y todo éste empieza a fallar. ¿Continúa este proceso para siempre? No, también tiene su tiempo estipulado y cuando se llega a ese punto, se somete a la desintegración e integración finales. La masa individual se separa en sus componentes para combinarse con los elementos respectivos.

A esta gama de cambios y modificaciones se le da el nombre de las seis modificaciones del cuerpo, de la materia. El cuerpo determinado ha llevado a cabo las funciones para las que fue creado. La forma particular del cuerpo en cuestión también estaba planeada para el goce o sufrimientos específicos, el cuerpo en cuestión es capaz del tipo que puede permitirse resistir. La persona tiene derecho a disfrutar los placeres humanos, al tener un cuerpo humano, no un cuerpo de animal o de planta. Así es como el Señor, que tiene todo el conocimiento del placer agregado e individual y del dolor que le espera y que tiene que ser agotado, creó el universo [sujeto y objeto], y los cuerpos que se requieren. Todo marcha de acuerdo al plan y no como un accidente. No hay lugar para los accidentes en el plan de creación de la naturaleza.

Samsāra nacida de la ignorancia

- El ego que divide *Jivatma* y *Paramatma*.
- La condición de hacer y la condición de gozar.
- Deseos.
- Acción: *karma*.
- Productos de la acción: méritos y deméritos.
- Placer y dolor: las reacciones.
- Renacimiento y muerte.

La ignorancia causa error, el anfitrión de todos los sufrimientos y este error también es el sometimiento. Por lo tanto, si el sometimiento debe eliminarse, el error debe eliminarse y para desechar el error, la ignorancia debe eliminarse. Para buscar la liberación, la ignorancia debe ser reemplazada con conocimiento. El ejemplo de cuerda y serpiente hará más claro el significado de la ignorancia, las miserias y las tragedias nacidas del error.

En condiciones de semioscuridad, cuando no podemos ver con claridad, no podemos distinguir una cuerda enrollada. También somos conscientes de cómo se ve una serpiente, como algo preconcebido. Aquí, con visibilidad parcial o invisibilidad parcial, la cuerda se ve como una serpiente. En una condición de estar bien iluminado, no hay problema ya que la cuerda se ve con claridad. En la oscuridad total tampoco hay problema, ya que incluso si es una serpiente real, no se puede ver. La ignorancia es gozo. Pero aquí está oculto [cubierto] parte del mundo de los fenómenos, no conocido, y también está la parte que es conocida, no cubierta. En la declaración "Hay una serpiente", "Hay" es común, a lo que se conoce como "*samanya amsa*", mientras que a la serpiente irreal se le llama "*anavrta amsa*" y la cuerda que está oculta es conocida como "*avrta amsa*". La parte oculta es real; la serpiente, que es irreal, mitya, remplaza la condición de cuerda, la característica específica del objeto. En cada error tenemos dos partes. Una es real y la otra es irreal. Podemos ver cómo la combinación de estas dos características creó la serpiente a partir de la cuerda, la causa de temor y miseria.

Extendiendo la lógica, tenemos una declaración: ***"Soy samsari"***, en la que "Soy" es "*samanya amsa*", mientras que la palabra "*samsari*" es la parte irreal, la opinión errónea. Lo cubierto en la declaración, Brahmán, el *Ātma* que va en lugar de "*samsari*", parece como si fuera real. Con el despertar del conocimiento, se elimina el error, al igual que la luz hace que la oscuridad desaparezca y encontramos la cuerda inofensiva donde se vio la serpiente. Descubrimos que: "**Soy brahmán**", el *Sat-chid-*

ananda. Los *conocedores del Veda* emplean el término "*avidya*", ignorancia, y "*prakrti*" como sinónimos con *maya*, para estas confusiones.

Precisamente, *Maya* representa la ilusión cósmica. *Maya* es responsable de las contradicciones en nuestra forma de pensar, única razón de que la Conciencia no aparezca como la creadora del universo. Bajo la influencia de la ignorancia, se ve a *Ātma* como *Jiva* o el ser individualizado. La ignorancia lo que hace que el Absoluto parezca como relativo o que el Uno parezca muchos. *Prakrti* significa *maya*, el material del que se creó el universo. Las palabras *maya*, ignorancia, naturaleza y materia a menudo se usan unas por otras.

Tamas es el poder disimulador que oculta la verdadera naturaleza de un objeto y hace que parezca algo distinto de lo que en realidad es. Esta influencia se ve en el hombre en su ignorancia, lasitud, embotamiento, descuido y estupidez que privan al hombre de un juicio correcto, de una creencia definitiva y lo mantienen en la duda y la inseguridad. *Rajas* ejerce su poder de proyectar muchas fantasías junto con el poder disimulador. Es como un hechizo hipnótico: la ilusión. *Rajas* y *Tamas* tienen cualidades opuestas, mientras que *Sattva* encuentra el equilibrio entre las dos. *Sattva* es quien da la felicidad y es el verdadero amigo del hombre en su esfuerzo por comprender la Verdad. La predominancia de *Sattva* hace que un hombre se sienta separado del mundo. *Sattva* mantiene a los otros dos *gunas* bajo control. Las tres cualidades [*gunas*] de *maya* se ejemplifican con tres ladrones en la carretera, que detienen a los hombres. Los tres detuvieron a un hombre en el bosque. El ladrón *Tamas* deseaba destruir al hombre para siempre, pero el ladrón *Rajas* se acercó, detuvo y ató las manos y los pies del hombre, lo amarró a un árbol y le quitó todas sus pertenencias. El tercer ladrón, *Sattva* volvió después, liberó al hombre del cautiverio, por un decir, lo condujo con amabilidad fuera del bosque y lo encaminó por el sendero correcto a su pueblo. El ladrón *Sattva* no acompañó al hombre fuera del bosque; al ser un ladrón también teme a las consecuencias.

Maya es una declaración de hechos en nuestra vida general y relativa en este mundo de dualidad que tenemos. *Maya* se describe como ***"aghatana ghatana patiyasi"***, hacer posible lo imposible. Bajo su influencia incluso una encarnación de Dios parece olvidar su resplandor sobrehumano y actuar como un hombre común de la calle. *Maya* también causa que se contradigan nuestras acciones y pensamientos. Por ejemplo, al bien le sigue el mal sin poderse evitar. La causa sólo decide el efecto pero todavía tratamos de hacer el bien para uno y dirigir el mal a otros. Esto es *maya*. Aquí un hombre roba a sus semejantes y luego da parte o toda su riqueza a la causa de la filantropía esperando una felicidad eterna.

Ego

El ego o *ahamkara* es una virtud cuando está a nuestro servicio, significa el bien para uno, para la sociedad y para todos los seres. Pero cuando el mismo está apoyado por la ignorancia, es una herramienta peligrosa y destructiva. *Sadhu ahamkara* es un medio para la liberación mientras que el *ahamkara* maligno corta la raíz misma y abre las puertas del infierno a su amo, el dueño. *Ahamkara* tiende a identificar con el cuerpo, las relaciones que tienen que ver con el cuerpo, la mente y las proyecciones que tienen que ver con la mente. El cuerpo y la mente llevan a cabo actos buenos al igual que malos y así, la cautividad con ellos causa que se hagan buenos y malos productos [efectos]. Se le indica con la letra "i" minúscula, que está un poco torcida al igual que el individuo. Pero la "I" en mayúsculas se emplea cuando se relaciona con el Total, el Infinito. En su sentido ordinario, todos los deseos, impresiones y lujuria dependen del ego, el jefe de la casa, que es el cuerpo.

Por lo general, en la infancia, no es profundo y efectivo, pero para cuando uno crece hasta la adolescencia, se casa y se enreda con los logros de diversos deseos mundanales, el ego enraíza con firmeza y este mundo se vuelve más real. Cuando el ego, *ahamkara,* se reafirma como "Soy Brahmán", es causa para la divinidad en uno mismo y se libera de las miserias del mundo, pero cuando se elige como el cuerpo físico de carne, es fuente de innumerables problemas y es difícil salir de eso. El ego, *ahamkara,* oculta el conocimiento del Ser como las nubes ocultan al sol. Es muy apto para crear largas ramificaciones de "mí, mío, tú y tuyo" que es la causa misma de aflicciones y pesar. *Maya* significa *ahamkara* y la mente es otro nombre de *ahamkara,* el mundo mismo es *ahamkara* y desea vivir en la carne, comer carne y aceptar la carne.

El ego no tiene posición propia, sólo engorda a costa o gloria de otros. Un individuo convidó a muchos invitados para la ceremonia de inauguración de la casa que había construido. Amigos y conocidos se habían reunido en grupo y lo felicitaron por el logro. Todos estaban felices y el anfitrión con su familia estaban optimistas. Como rutina, uno de los invitados preguntó: "¿Cuánto pagaste por esto?"

La contestación del anfitrión fue "treinta lakhs".

La siguiente pregunta fue: "¿Qué extensión tiene la tierra?"

La contestación fue: "Es un recurso de propiedad común".

La pregunta fue: "¿Qué hay del piso?"

La respuesta fue: "No, es el techo del primer piso".

La pregunta fue: "¿Qué hay del techo?"

La respuesta fue: "No, es el piso de la construcción de arriba".

La pregunta fue: "¿Qué hay de las paredes?"

La respuesta fue: "Pertenecen al vecino".

El invitado: "Entonces, ¿qué te pertenece?"

La respuesta fue: "El espacio".

El comentario fue: "Pudiste tener el espacio sin pagar treinta lakhs".

Así es como el "ego" desaparece cuando se le somete a un análisis sistemático. Aquí se puede hacer notar que nada pertenece a alguien cuando esté celebrando la propiedad o adquisición. De esta forma, el ego es una noción falsa, una modificación mental sin sustancia. El egoísmo fomenta el cautiverio; el cautiverio conduce a la aversión. El resultado de estas reacciones en cadena es tan enorme que uno empieza a aferrarse a la vida y sufre. Un hombre no logra el conocimiento ni la liberación mientras tenga egoísmo. Pero todos los problemas llegan a su fin cuando el ego muere.

No se puede eliminar de una sola vez, sólo se le puede reducir poco a poco y con continuidad. Incluso para decir "Soy Brahmán" es necesario *ahamkara,* pero no tiene la capacidad de atrapar sino más bien de liberar del cautiverio, ya que "Brahmán es libre" es el concepto de la autorrealización. El ego se desarrolla mediante los pensamientos en la mente. La idea de "yo" produce la idea de tiempo, espacio y otras potencialidades conceptuales con los medios ambientes y como un hilo conecta los órganos de los sentidos. El ego es la piedra fundamental del edificio de *Jiva* y en la base de *buddhi* ata al hombre con el mundo. Entonces, cuando uno trata de analizar la "i", deja de ser una entidad. El análisis se debe llevar a cabo en la línea de que este cuerpo no puede ser "yo" e incluso cuando se corta alguna parte del cuerpo o deja de dar servicio, "yo" siempre permanece. Como sea, es interesante pensar en el tema y tratar de saber qué es, de dónde viene y en qué se basa.

Acción: Karma

Karma es inherente a la naturaleza, que está constituida de las tres *gunas*: *Sattva, Rajas* y *Tamas*. Pero no existe *karma* alguno en *Ātma*. El hombre ignorante es incapaz de distinguir entre la naturaleza llena de acción y el Ser que carece de acción.

Cuando dos trenes están parados uno al lado de otro en la plataforma del ferrocarril, un pasajero fija la mirada en el otro tren. Cuando el otro tren se mueve, el hombre imagina que el tren en que está se está moviendo. De la misma manera, la movilidad de la naturaleza está impuesta en el *Ātma* inmóvil. Confundir a la naturaleza por Ātma produce egoísmo. El cautiverio persiste mientras dure el egoísmo. El hombre egoísta piensa en sí mismo como el hacedor, mientras que en realidad no lo es. Egoísmo y agente son el resultado de la ignorancia. Todas las actividades que tienen que ver con la existencia corporal tienen lugar en el no ser. El Ser carece de acción. Por lo tanto, quien conoce al Ser está libre de agentes.

Deseos

Los deseos son innumerables, insaciables y difíciles de vencer. El goce no puede producir satisfacción. Es como verter mantequilla clarificada en el fuego. El goce aumenta, se fortalece y empeora el deseo. El rey Yayati pidió a sus hijos que le prestaran su juventud. Aunque sus primeros cuatro hijos se negaron a separarse de su juventud, su hijo más joven, Puru, aceptó de todo corazón y se marchó al bosque. Después de disfrutar de los placeres mundanales por más de mil años, Yayati comprendió y recomendó la lección de que no se pueden saciar los placeres de los sentidos. Incluso toda la riqueza y mujeres no pueden satisfacer siquiera a un solo hombre.

P.P

El deseo que crece al tamaño de la avaricia es una fuerza destructiva y un enemigo de todos los seres humanos. Pero los ignorantes de entre ellos, que caen bajo su influjo, mantienen que es un amigo útil. Siempre que le sigue un revés y humillación, por un momento se detesta la fuerza destructiva del deseo como un factor traicionero en el carácter del hombre. Pero este sentimiento desaparece con la misma rapidez que apareció. El ignorante desprevenido siempre escoge aliarse a él. El sabio no mantiene esa alianza pero de todos modos entra a escondidas en su corazón asumiendo innumerables formas, tratando de seducirlo. Por lo tanto, es un enemigo constante del sabio.

Por lo general, los hombres son las víctimas de deseos ocultos sutiles. Mientras estos deseos sutiles y ocultos continúen estando ahí sin que se les note, no podemos entrar en el estado de "*Nirvakalpa*". Los deseos surgen en la mente y, por lo tanto, inquietan la mente hasta que uno se satisface mediante el goce. Es el ego lo que empeora los deseos. El deseo pide acción y si hay un aumento en los deseos, también aumentan las actividades. Por lo tanto, la actividad y el deseo se mueven en un círculo vicioso. La naturaleza del deseo depende del *guna* predominante del individuo. Esta división se explica con la siguiente leyenda:

"Los tres tipos de hijos de Prajapati vivían con su padre estudiando los Vedas: dioses, hombres y demonios. Después de terminar el estudio de los Vedas, los dioses dijeron: 'Quiera su Honor hablar con nosotros'. A ellos dijo esta sílaba: 'Da', y preguntó: '¿Comprenden?' 'Comprendemos', dijeron.

'Dijiste, contrólense [damyata]'. 'Sí, lo comprenden', dijo Prajapati.

"Entonces los hombres le dijeron: 'Quiera su Honor hablar con nosotros'. A ellos dijo la misma sílaba: 'Da', y preguntó: '¿Comprenden?' Contestaron: 'Sí, dijiste, sean caritativos [data]'. 'Sí,', dijo Prajapati.

"Entonces a los demonios le dijo la misma sílaba: 'Da', y preguntó si habían entendido. Los demonios contestaron afirmativamente y dijeron: 'Sí, sean compasivos, daydhvam'. Así, la misma palabra, 'Da' fue comprendida de diferentes formas por dioses, hombres y demonios".

Br V.ii.1-3

Todos los deseos suceden de forma incondicional y los medios de la felicidad en forma condicional. Esto se explica aquí en las declaraciones de Yajanavalkya. Dijo: "¡Vaya! El esposo es muy querido no por amor al esposo, sino que el esposo es muy querido por amor a uno mismo. Es el mismo caso con los hijos y con todas las otras relaciones y cosas relativas del mundo".

Br II.iv.5

Los objetos son deseados mientras den placer y cuando cesan de dar placer, esos mismos objetos no son deseados; puede ser la esposa, el marido, la casa y todo lo demás. Es por eso que existe la deseabilidad condicional para los medios del placer.

Mundo de hombres

La acción no puede destruir la ignorancia, ya que no está en conflicto con la ignorancia. Sólo el conocimiento destruye la ignorancia como la luz destruye la densa oscuridad. Noches, días, quincenas, meses, medios años [el tiempo que toma para el paso del sol de un solsticio a otro] y los años pasan, sin embargo, el deseo no se marcha. En este mundo de duda e ilusión de oscuridad, dolor y pesar, nadie sabe nunca el resultado de su acción, ni sabe su principio ni final; cansinamente baja en la escala de la creación y no encuentra paz en ninguna parte. La humanidad está enferma en el fondo y en grave aflicción física. Los placeres sensuales se comen sus partes vitales. A nadie se perdona de los venenos. Para empeorar están las deplorables condiciones del cuerpo y la mente, que sufren la fiebre constante de la agitación y sus arremetidas. La búsqueda de felicidad externa continúa y nunca la pueden encontrar. Es un milagro que los elude a todos. Riqueza, salud, poder y placer tienen una vida tan corta que pasan en un relámpago y dejan a la gente confundida. Entre mayor es la indulgencia, más enfermo el cuerpo, más profundas las miserias y sufrimientos. Es maravillosa la gente que ha llegado a creer que todos los objetos de placer son imperecederos para ella.

- En el bosque, el león mata al tigre y el tigre mata al zorro. En el agua, los peces grandes viven de los peces pequeños y los pequeños viven de los más pequeños. Las aves poderosas matan a las más débiles y pequeñas para su alimento. Pero el maravilloso hombre los mata a todos por placer y es el más cruel. Patrocina los mataderos y lastima a muchos animales mientras caza, pero le teme incluso al piquete de la aguja de una inyección en su cuerpo.
- Los árboles que proporciona sombra ayudan a proteger el equilibrio ecológico, dan sus dulces flores y frutos desinteresadamente, pero el hombre egoísta corta esos mismos árboles.
- Mientras está en el vientre de la madre, con las manos y la cabeza hacia abajo en una condición en verdad terrible como una penitencia rigurosa, lo que sostiene al bebé es la oración constante de que en la nueva vida siempre recordará a

su Creador. Sin embargo, en cuanto nace, todo a su alrededor se encuentra un escenario extraño y objetos nuevos. Observándolos todos, olvida la promesa y se olvida de su creador.

Capítulo IV

Algunos comentarios más

Capítulo IV

Algunos comentarios más

Religión y renacimiento

La religión y la filosofía son interdependientes. La filosofía sin la religión es como una mujer estéril. Para ser aceptable para la mente moderna, ambas necesitan el apoyo de la razón [la lógica]. En lo que se refiere al renacimiento, es la matriz de la serie de causa y efecto y la pista final se remonta al pasado, al Absoluto, que no tiene causa, ya que es la causa en sí mismo.

Por lo tanto, la evolución objetiva para romper el ciclo es el Absoluto. Para esforzarnos hacia esa meta, tal vez necesitemos valorarnos, el progreso que hemos tenido hasta el momento y la distancia que todavía se tiene que cubrir. En este sentido, revisamos los puntos importantes y examinamos el punto en que estamos, para ir más allá.

Dualistas

La cercanía a Dios no se comprende cuando somos dualistas. Dios es el creador y soberano, tiene entidad y forma separados. Los atributos están muy ampliados con relación al alma individual o *jivama*. En lo que se refiere a los dualistas, Dios es todopoderoso, omnisciente y compasivo. Es la causa eficiente del universo y emplea a *prakrti*, la naturaleza, como material para la creación. De acuerdo a esta escuela, el alma humana es eterna y potencial en la naturaleza, que se manifiesta en la forma burda, una vez tras otra basada en sus deseos, tendencias y acciones.

Se supone que los seres humanos obedecen la intención e instrucciones de Dios para purificarse de las impurezas, como el egoísmo y otros tonos ocultos de las conductas relativas. La liberación o meta máxima de los dualistas es el cielo, que es la morada del Señor, y liberarse de las miserias de este mundo. En el cielo, todo es placentero y agradable. Lo que es más, quienes tuvieron una vida virtuosa pueden vivir en presencia del Señor, y los que fueron malvados son sometidos a castigos de diferentes tipos, mediante la institución llamada infierno y los diversos fuegos del infierno. Dios es como el océano y el individuo, el río, y al igual que todos los ríos se unen al océano sin cesar, así también las almas luchan por unirse a Él.

Los dualistas veneran al señor, estableciendo una relación mundanal con Él justo como un amigo, madre, padre, marido, hijo, etc., de acuerdo a la tendencia del individuo. Este amor humano por Dios se transforma en amor y devoción divinos. Los dualistas conciben también a Dios como un emperador y desean ser como ciudadanos que cumplen la ley, pagando tributos para protección y alimento, igual que en la relación de amo y sirviente. De acuerdo a ellos, cada uno tiene un alma separada y ésta siempre mantiene una identidad separada en este mundo e incluso en el cielo. Así que la distancia entre Dios y uno es como la que hay entre los individuos.

Los no dualistas calificados

Dios está aquí, inmanente, es decir que el universo físico es su cuerpo burdo además de que todos los órganos físicos son sus órganos, como ojos, oídos, nariz, boca, etc. El intelecto, la mente y el ego cósmicos son su intelecto, mente y ego. Él es la causa inteligente y material del universo. Es uno (los seres en el universo) el todo y todos somos partes, de manera que existe la relación del todo y las partes, entre Dios y los seres individuales.

El término de dualismo no calificado se aplica ya que la unidad se califica por la variedad. Aunque las almas, es decir la humana y el universo, son una, aún se consideran como entidades separadas. El alma tiene mente, intelecto, sentido, energía y memoria. En el momento de la muerte, el alma se contrae, igual que la tortuga se contrae dentro de su caparazón y se expande en el momento del nacimiento, ya que estaba en forma potencial. Sri Ramanujacarya es el exponente de la filosofía religiosa dualista no calificada ya que están más cerca de los dualistas en comparación, de los que se habló en las páginas anteriores.

No dualistas

Los no dualistas son los más cercanos a Dios o podemos decir que se identifican con Dios mismo y afirman que Él (el *Isvara* y [él] el *Jiva,* ambos son la Conciencia). La única línea que los separa es el complemento. De acuerdo a esta escuela, el ego o alma individual es el receptáculo cambiante de una sustancia aun más sutil, que no cambia y es eterna, llamada por el nombre de *Ātma,* que es la realidad incondicional en todos los seres vivientes. Se debe hacer notar aquí que el ego es la realidad incondicional del universo, el Brahmán, la Conciencia, es el espíritu omnipresente, el Absoluto mismo. El *Ātman* o Ser es asexuado, el verdadero, no se basa en la relación de creado y creador o parte y todo como se comentó antes. Todas las distinciones se disuelven en una realidad, que es incambiable, eterna, sin forma y más allá de tiempo, espacio y cualidad. La relación se define además como el reflejo o imagen de la luz autorresplandeciente de Dios, la relación *Bimba-pratibimba.*

La cercanía se ilustra con esta declaración devocional:

"¡Oh Señor! Cuando pienso en mi cuerpo, soy tu sirviente y tú eres mi maestro. Cuando miro mi alma, yo soy tu parte y tú eres el uno, maravillosamente completo, pero cuando me doy cuenta de mi verdadera naturaleza, soy divino y uno contigo, el Espíritu Absoluto. Tal es mi concepción de mi relación contigo."

Esto explica nuestra cercanía con Dios, que es la causa Absoluta en nuestra discusión de la ley de la relación causa y efecto que establece las causas intermediaria y Absoluta.

"Eso es esto y esto es eso."

La resurrección y la reencarnación

Estos dos términos son técnicos y no se ajustan al mismo punto y a la comprensión común. La resurrección se acuñó en la fe del cristianismo y es una expresión de la inmortalidad del cuerpo [como en la elevación de Jesucristo de la tumba o la elevación de todos los muertos en el juicio final]. Es la doctrina de los saduceos, las ideas judías, las ceremonias, rituales y creencias profesadas después de la muerte de Jesús. La doctrina de la resurrección de los muertos, de recompensa y castigo después de la muerte y la creencia en ángeles y espíritus se convirtieron en el principio cardinal de la nueva secta cristiana. Los zoroastrianos creen que el alma de los muertos ronda cerca del cuerpo por tres noches y no parte al otro mundo hasta el amanecer de la tercera noche. También creen en la resurrección, no sólo de cuerpo sino también del alma por un acto milagroso que se aplicaba a Jesús.

Jesús nunca habló del tipo de resurrección, si fue del cuerpo o del alma, pero sus discípulos consideraron que se refería al cuerpo, que es la reaparición de su forma física. De nuevo, Cristo fue el primer nacido en resucitar y se predicaba que quienes tuvieran fe en él, también resucitarían. El concepto de resurrección milagrosa va acompañado de la creencia de que el alma individual no existe antes del nacimiento y también de la creación a partir de nada. Ahora queda claro que la resurrección no tiene relación alguna con nuestro estudio de la transmigración, basada en el sólido fundamento de causa y efecto. No significa que la resurrección sea una aberración, pero esperemos que haya medios para más investigaciones de aquellos que creen que esto es bueno. Es bueno al principio consolidar la fe para que alcance la madurez, para prácticas espirituales en una fecha posterior. Debemos darle el beneficio de la evolución a quienes están en busca de una base apropiada para desembarcar y continuar adelante.

Es probable que el lector se haya decidido como para pensar en el alcance de la reencarnación, que a menudo se emplea en el mismo sentido que el renacimiento o transmigración o el ciclo de nacimiento y muerte, aunque existe una diferencia sutil en la palabra "reencarnación" en referencia a otras expresiones similares. La confusión o desconcierto se debe al prefijo "re" que transmite la idea de repetición como significa la palabra renacimiento. Vamos a examinar la palabra. Encarnación es la propiedad del alma maestra o alma perfecta, que no necesita mejoría o refinamiento, porque ya es Infinita, más grande que lo más grande, más pura que lo más puro, más pequeña que lo más pequeño, sin forma, más allá de la causa, que es la causa Absoluta.

La encarnación se aplica a tomar una forma [manifestación], que baja al nivel de las percepciones, de manera que se le pueda ver, comprender y seguir como ideal a lograr mediante el nacimiento [evolución], que concede la purificación en un nivel sutil de la existencia. Cuando decimos que está más allá de la causa, significa que su aparición no es para resolver el *karma* previo, como sucede al nacer, sino que lo hace con libre albedrío y para mantenerse separado de cualquier acción, justo como la luz del sol. La luz del sol ilumina tanto lo sucio como lo hermoso, pero no se vuelve sucia ni gloriosa, ya que es una gloria prestada. La luz tampoco es parcial hacia algún objeto e ilumina a todos los objetos por igual. Si nadie aprovecha esta energía, su elección y la del sol no se contraría ni se complace por eso en ninguna forma.

El Señor ha creado este universo e hizo ciertas leyes que se deben seguir, en el nivel burdo y sutil del universo, tanto en el nivel macro como el micro de la existencia, con el fin de cumplir este objetivo de la creación o la manifestación. Lo que sucede a menudo, después de un tiempo, es que se degradan las instituciones de regulación o los nobles instintos, ya que esto es también la ley de la naturaleza, que surge por el conflicto entre intención y propósito. Algunas de las variaciones están diseñadas para alinearse por ellas mismas para mantener el equilibrio, mientras que algunas no dan en el objetivo y se vuelve largo el camino de vuelta. Aquí se vuelve necesario que el Señor corrija el curso ya que la interferencia se vuelve dolorosa para los seres. En este punto, el señor adopta la forma de su elección, apropiada para la situación de manera que se establezca la ley de la verdad y la justicia. Como este proceso se debe revisar y corregir con regularidad, después de una falla de cierta duración, de tiempo en tiempo, asume el trabajo Él mismo, lo que explica el prefijo "re". Así es la reencarnación. Cuando la lesión no cede ante el sistema inmune, se debe llevar a cabo una cirugía. Ambos son los sistemas de tratamiento y son válidos para los cuerpos encarnados.

El renacimiento se relaciona con los seres humanos, los encarnados, y las almas que evolucionan. Hay limitaciones en los complementos de los seres e *Isvara,* en lo que se refiere a habilidad, propósito y funciones. Esta limitación de los *upadhis* es la única diferencia, de otra manera, la Conciencia es única y la misma. Los complementos sólo deciden la forma de dirigirse y, de hecho, la forma de dirigirse es sólo a los complementos y no al espíritu. Por lo tanto, es imperativo mantener una identificación apropiada de eso. Cuando un objeto es bueno, no debemos decir "muy bueno"; de otro modo, para el objeto "muy bueno" tenemos que usar el grado superlativo y el superlativo no tendrá un vocabulario apropiado.

La idea que se trata de transmitir aquí es que la reencarnación y el renacimiento no son la misma expresión, aunque se usen ampliamente; ambos tienen un cuerpo mortal pero sus capacidades y propósitos son diferentes.

Herencia y evolución

¿Cuál es el papel que juega el paso de la herencia y la transmigración? Los que creen en la herencia niega la pre y posexistencia del alma y en consecuencia dicen que los descendientes no sólo se parecen a sus padres sino que también heredan otras cualidades del individuo, como las facultades mentales y las impresiones de la existencia humana y también en animales. Definen que la herencia es previsión y una simple continuidad del crecimiento. El doctor Weismann cree que el germoplasma contiene la potencialidad de todas las tendencias que se desarrollan en un individuo, que pasan de generación a generación y en una condición particular de la vida, se expresan como tendencias y características de la vida.

Está refinado en la medida en que las células germinales se transmiten por el conducto de los padres y las tendencias se atribuyen a las células germinales, que existieron pero no son creadas por los padres mismos. La dificultad en aceptar estos conceptos o similares es que no pueden explicar la disparidad en unidad además de la llegada del prodigio. Quienes están en contra de esta teoría, expresan su preocupación de aspectos como la creación del organismo individual y que eso sea transmitido por los padres por retransmisión. Además, es debatible la capacidad y la calidad de la célula germinal desde el punto de vista científico.

Vamos a asumir que la herencia no se forma en el cuerpo sino que se relaciona con la mente, antes del nacimiento, es decir, el alma individual o el alma encarnada después de que la muerte se mezcla con tendencias similares, como el proverbio "Dios los cría y ellos se juntan". Así, unirse no es común en todos los aspectos pero sólo es una identidad limitada. El alma individual evoluciona, pero continúa siendo atraída por el vínculo de la generación. Esta suposición se encarga de la teoría de causa y efecto, la continuidad del vínculo, la transmigración, y al mismo tiempo mantiene el vínculo de la familia, una herencia que no necesita estar en igualdad respecto a la manifestación. Es sólo por el bien de descargar la deuda que se tiene con el nacimiento previo. Así, la apariencia de prodigio y desigualdades en las tendencias mentales y físicas respecto a la unidad podría no trastornarse en forma alguna y la ley universal del *karma* también puede ser ajustada en forma predominante en su gloria y efectividad completas.

La ley de la causalidad mediante la evolución actúa para un desarrollo, despliegue y refinación progresivos, de simplicidad a complejidad. La evolución del hombre no es un resultado directo de una sola vez, sino que ha llegado gradualmente en una serie, tal vez incluso de la vida animal. La necesidad de evolución exige tres condiciones principales: la tendencia a variar, la tendencia de la influencia del medio ambiente, es decir, la selección natural, y la lucha por la existencia o la supervivencia. Las tendencias animales son las mismas que las del hombre con la excepción del desarrollo de la inteligencia y los sentidos que coronan al hombre como un epítome de la creación; algunos pueden llamar a esto una sociedad civilizada del hombre y otros llamarlo animal social.

La naturaleza superior del hombre está simbolizada por amor, sinceridad, misericordia, desinterés, deseo de ayudar a otros, perdón, etc. Son de naturaleza moral y espiritual, que se trata de llenar tanto como sea posible más que de la supervivencia del más apto que debió haberse desarrollado del deseo de máximo, la calidad y continuidad, que son las expresiones de la satisfacción y debió haber existido en el bioplasma en forma latente o potencial. Esta parte tiene referencia con el punto presentado contra la tendencia de la herencia, del que dudan los oponentes de la misma. La expresión de acomodo es natural, de ahí la ley moral. Es un tipo de mecanismo de defensa, desarrollado mediante la autocompasión y la indefensión que entra en el paso del tiempo, donde la tendencia a disfrutar o a tener todavía está activa. Es una forma de involución natural, que más adelante ocupó el lugar de la justicia... sistema de defensa común.

Para aceptar el sueño y la potencialidad, la ilustración es la de una semilla seca, que germina después de miles de años, en condiciones apropiadas, y que se encontró en manos de una momia egipcia. El concepto de la evolución de que el llenado de la naturaleza significa que nada es reemplazado hacia el individuo desde el exterior como potencial o germen ya está ahí, pero el desarrollo depende de la condición adecuada cuando se alcanza el punto o etapa apropiado en el proceso. Hay prioridad y secuencia en toda transmigración o desarrollo; uno tiene que terminar antes de que empiece el siguiente. Comprendemos por qué las frutas no aparecen antes de que surjan las hojas, ya que las hojas necesitan lograr su sustento así como el del árbol antes de que el árbol sea capaz de producir frutos, ya que tiene que aprovechar cierta energía para eso.

El Vedānta sobre la evolución dice que el fin y meta de la evolución es el logro de la perfección. La vida animal alcanzó su perfección en la forma humana; la disposición mental está igualando su viaje a lo Absoluto, que es la causa de todas las causas, lo moral y lo espiritual. Tiene muchas etapas en el cuerpo sutil. La evolución es el proceso en que participa el alma. La herencia es el ciclo; mientras que la evolución es el enriquecimiento, ambos combinados tienen algo de sentido y también consuela al partidario de la ley de la herencia. Así, podemos determinar el compromiso que la herencia y la evolución son parte de la transmigración en el mismo sentido o en otro, por el hecho de que todas las leyes de la naturaleza están entrelazadas y son complementarias. Las leyes naturales se apoyan unas a otras y no se destruyen o se mantienen aisladas unas de otras.

Ahora viene una pregunta interesante, la cuestión que por lo general se conoce como nacimiento. A veces la gente se asusta con esa idea y la superstición es tan fuerte que incluso algunos hombres que piensan creen que son el resultado de nada, y luego, con la lógica más grandiosa, tratan de deducir la teoría de que a pesar de que ha salido de cero, será eterno. Los que salen de cero con seguridad tienen que volver al cero. Ni tú ni nadie presente ha salido de cero. Hemos estado existiendo eternamente, existiremos, y no hay poder bajo el sol ni en otra parte, que pueda deshacerte a ti o a cualquier existencia o que nos envíe de vuelta al cero. Ahora bien, esta idea de renacimiento no es una idea que asuste, sino que es de lo más esencial para el bienestar moral de la raza humana. Es la única conclusión lógica a que pueden llegar los hombres que meditan. Si vas a existir en la eternidad a partir de este momento, debe ser porque has existido durante la eternidad en el pasado. No puede ser de otra manera. Vamos a comentar algunas objeciones que se presentan por lo general contra la teoría.

Como es, tú y yo somos el efecto, el resultado de todo el pasado infinito, que se agrega. Cuando un gran sabio antiguo, un vidente o un profeta de la antigüedad, se encontró frente a frente con la verdad, habla sobre la inmortalidad del alma, estos hombres modernos se levantan y dicen: "¡Ah, era un tonto!". Se oponen: "Si fuera del pasado, lo debería recordar. Al igual que cuando después de dormir, al levantarme, recuerdo todo lo que pasó antes de ir a dormir". Pero basta con mencionar otro nombre, "lo dice Huxley, o Tyndall" y entonces debe ser cierto y lo admiten. En lugar de las antiguas supersticiones, en lugar del viejo árbitro, han instalado el nuevo reino de la ciencia moderna. Así que vemos que esta objeción respecto a la memoria no es válida y que es casi la única objeción seria que se ha presentado contra esta teoría. Aunque hemos visto que no es necesario para la teoría del renacimiento, que debe haber memorias de vidas pasadas, sin embargo, al mismo tiempo, estamos en posición de valorar que hay casos que muestran que esta memoria vuelve y que cada uno de nosotros recuperará esta memoria en esa vida en la que uno se volverá libre. Entonces, solo, descubrirás que este mundo es sólo un sueño; entonces, solo, comprenderás el Alma y comprenderás que sólo eres un actor y el mundo es un escenario; entonces, solo, la idea del no apego llegará a ti con el poder del trueno; entonces toda esta sed por gozar, este aferrarse a la vida y a este mundo desaparecerán para siempre; entonces la mente verá con la claridad de la luz del día cuántas veces todos ellos han existido para ti, cuántos millones de veces tuviste padres y madres, hijos e hijas, maridos y esposas, parientes y amigos, riqueza y poder, que fueron y vinieron, ¡cuántas veces estuviste en la cima del mundo y cuántas veces estuviste en lo más profundo de la desesperación! Cuando la memoria te dé todos ellos, estarás de pie como un héroe y sonreirás cuando el mundo te frunza el ceño. Entonces, sólo, te levantarás y dirás: "Ni siquiera tú me preocupas, ¡oh, muerte!, ¿qué terrores tienes para mí?" Esto les sucederá a todos.

¿Y existe algún argumento, alguna prueba racional para este renacimiento? Hasta el momento hemos estado viendo el lado negativo, argumentos para refutar que las memorias del pasado no son válidas. ¿Hay algún aspecto positivo? Sí, también existen algunos aspectos positivos y muy válidos. Ninguna otra teoría, excepto la del renacimiento, explica la amplia divergencia que encontramos entre hombre y hombre en sus poderes para lograr el conocimiento.

En primer lugar, vamos a considerar el proceso con que se logra el conocimiento. Digamos que voy a la calle y resulta que veo un perro. ¿Cómo digo que es un perro? Lo envío a mi mente y en mi mente existen grupos de todas mis experiencias pasadas, arregladas y etiquetadas tal como está. En cuanto surge una nueva impresión, la tomo y la mando a alguna de las etiquetas, y en cuanto encuentro un grupo de las mismas impresiones que ya existe, la pongo en ese grupo y estoy satisfecho. Sé que es un perro, ya que coincide con las impresiones que ya están en la mente. Cuando no encuentro temas relacionados de esta nueva experiencia en el interior, me siento insatisfecho. A este estado mental se le llama "ignorancia". Al tema relacionado de una impresión que ya está ahí se le llama "conocimiento". Cuando una manzana cayó, los hombres se sintieron insatisfechos. Entonces encontraron el grupo. Al conocimiento de que las manzanas caen se le llama "gravitación". Ahora nos damos cuenta que sin un caudal de experiencias ya existentes, cualquier experiencia nueva sería imposible, ya que no habría nada a lo cual enviar las impresiones nuevas. Así que si un niño llega al mundo con lo que llaman *tabula rasa,* como piensan algunos filósofos europeos, un niño así nunca alcanzaría ningún grado de poder intelectual, ya que no tendría nada a lo cual enviar sus nuevas experiencias. Vemos que el poder de obtener conocimientos varía en cada individuo y esto muestra que cada uno de nosotros tiene su propio caudal de conocimientos. El conocimiento se puede obtener en una forma, la forma de la experiencia. Si no estamos experimentados en esta vida, debemos haberlo experimentado en otras vidas. ¿Cómo sucede que el temor a la muerte está en todas partes? Hay una vieja explicación [me resulta difícil dignificarla con ese nombre]. Se le llama instinto. El instinto es específico en todo tipo de cuerpo y surge como expresión en el ser. Hay diferencia entre los instintos de los seres humanos, animales, aves, reptiles y especies que nacen en el agua, como peces, etc. Ahora existe una complicación si identificamos a la memoria con el cuerpo. Es como decir que el cuerpo previo también era del presente para imbuir el pasado en el presente en cuanto a lo que ha pasado con sus componentes. Por lo tanto, sólo puede pertenecer al alma que es la Conciencia reflejada del cuerpo sutil en el que todos los órganos de los sentidos y la mente se han resuelto en el momento de descartar el cuerpo. A la luz del concepto de conocimiento o memoria "tenemos nuestro propio caudal de conocimientos". Vemos que el instinto es razón que involuciona. Por lo tanto, lo que llamamos instinto en el hombre o el animal deben ser acciones que involucionan, degeneradas y voluntarias y las acciones voluntarias son imposibles sin la experiencia.

Conocimientos como el temor a la muerte, que el pato bebé se meta al agua, etc., se deben a la experiencia y todo este tipo de acciones involuntarias se han vuelto instintos debido a experiencias del pasado. Ahora bien, la relación de instinto-experiencia ayuda a determinar que existe continuidad de las experiencias de vida, que es el renacimiento.

¿Qué hace que el polluelo que acaba de salir del huevo tema morir? ¿Cómo es que en cuanto un pato bebé empollado por una gallina se acerca al agua, salta a ella y nada? Nunca nadó antes ni vio nadar nada. La gente lo llama instinto. Es una gran palabra, pero nos deja como estábamos antes. Vamos a estudiar el fenómeno del instinto. Una niña empieza a tocar el piano. Al principio, debe prestar atención a cada tecla que toca con los dedos, y continúa más y más por meses y años, de manera que tocar se vuelve casi involuntario, instintivo. Lo que al principio se hacía con voluntad consciente, no requiere después el esfuerzo de la voluntad. Esto todavía no es una prueba completa. Falta la mitad y es que casi todas las acciones que ahora son instintivas se pueden poner bajo el control de la voluntad. A cada músculo se le puede poner bajo control. Es algo bien conocido. Así se completa la prueba con este doble método, de que lo que ahora llamamos instinto es la degeneración de las acciones voluntarias; por lo tanto, si la analogía se aplica a toda la creación, si toda la naturaleza es uniforme, entonces lo que es instinto en los animales inferiores, además de serlo en los hombres, debe ser la degeneración de la voluntad.

Aplicando la ley en que nos concentramos en macrocosmo, de que cada involución presupone evolución y cada evolución una involución, vemos que ese instinto es razón que involuciona. Por lo tanto, lo que llamamos instinto en hombres y animales debe ser acciones que involucionan, degeneradas y voluntarias y las acciones voluntarias son imposibles sin la experiencia. La experiencia comenzó ese conocimiento y ese conocimiento está ahí. El temor a la muerte, el pato bebé que se mete al agua y todas las acciones involuntarias en el ser humano, que se han convertido en instintos, son los resultados de experiencias pasadas. Hasta el momento hemos avanzado con mucha claridad y hasta el momento la ciencia más moderna está de nuestro lado. Pero aquí entra un tema más difícil. Los científicos más modernos están volviendo a los sabios antiguos y hasta el momento en que lo han hecho, existe un perfecto acuerdo. Admiten que cada hombre y cada animal nace con un caudal de experiencias y que todas estas acciones en la mente son el resultado de las experiencias pasadas. Preguntan: "¿Pero cuál es la utilidad de decir que la experiencia pertenece al alma? ¿Por qué no decir que pertenece al cuerpo y sólo al cuerpo? ¿Por qué no decir que es transmisión hereditaria?" Ésta es la última pregunta. "Por qué no decir que todas las experiencias con que nazco son el efecto resultante de todas las experiencias pasadas de mis ancestros". La suma total de la experiencia desde el pequeño protoplasma hasta el más elevado ser humano está en mí, pero ha venido de cuerpo en cuerpo en el transcurso de la transmisión hereditaria. ¿Dónde estaría la dificultad? Esta pregunta es muy agradable y admitimos parte de esta transmisión hereditaria. ¿Qué tanto? Hasta el suministro de los materiales. Nosotros, por nuestras acciones pasadas, nos ajustamos a cierto nacimiento en cierto cuerpo y el único material disponible para ese cuerpo que procede de los padres, los cuales se han vuelto apropiados para tener esa alma como su descendencia.

La herencia simple da por sentada la proposición más sorprendente sin prueba alguna, es decir, que la experiencia mental se puede registrar en la material, que la experiencia mental puede involucionar en materia. Cuando te veo, en el lago de mi mente, hay una ola. Esa ola desaparece, pero continúa en forma fina, como impresión. Comprendemos una impresión física que se mantiene en el cuerpo. Pero, ¿qué prueba hay para suponer que la impresión mental puede quedarse en el cuerpo, dado que ese cuerpo se descompone? ¿Qué lo transporta? Aun si damos por sentado que fuera posible que cada expresión mental se mantuviera en el cuerpo, que toda impresión, empezando desde el primer hombre hasta mi padre, estaba en el cuerpo de mi padre, ¿cómo se podría transmitir a mí? ¿Por la célula bioplasmática? ¿Cómo podría ser? Ya que el cuerpo del padre no pasa al hijo en su totalidad. Los mismos padres pueden tener varios hijos; entonces, de acuerdo a esta teoría de la transmisión hereditaria, donde la impresión y lo grabado [es decir, el material] son uno, se sigue rigurosamente que por el nacimiento de cada hijo, los padres deben perder parte de sus propias impresiones, o, si los padres deben transmitir todas sus impresiones, entonces después del nacimiento del primer hijo, sus mentes deben ser un vacío.

De nuevo, ¿de dónde y cómo ha entrado la cantidad infinita de impresiones de todo el tiempo en la célula bioplasmática? Ésta es la posición más imposible y hasta que los psicólogos puedan demostrar cómo y dónde estas impresiones se encuentran en la célula y qué quieren decir con impresión mental que reposa en la célula física, no se puede dar por correcta su posición. Entonces, hasta el momento está claro que esta impresión está en la mente, que la mente llega a nacer y renacer, y emplea el material que es más apropiado para ella y eso es la mente, la cual se ha ajustado sólo para un tipo de cuerpo, y tendrá que esperar hasta que tenga ese material. Comprendemos esto. Entonces, la teoría se reduce a esto, que existe transmisión hereditaria en lo que se refiere al suministro del material al alma. Pero el alma migra y fabrica cuerpo tras cuerpo y cada pensamiento que tenemos y cada acción que realizamos, se almacena en forma fina, lista para surgir y adoptar una nueva forma. Cuando te miro, una ola se eleva en mi mente. Se hunde, como se supone y se vuelve más y más fina, pero no muere. Está lista para saltar de nuevo como ola en forma de memoria. Así que todas esas impresiones están en mi mente y cuando muero, la fuerza resultante de ellas estará en mí.

De nuevo, una bola está aquí y cada uno de nosotros toma una maza en las manos y golpeamos la bola desde todos los lados; la bola va de punto a punto en la habitación y cuando llega a la puerta, sale volando. ¿Qué lleva consigo? La fuerza resultante de todos esos golpes que le darán su dirección. Por lo tanto, ¿qué dirige al alma cuando el cuerpo muere? La resultante, la suma total de todas las obras que ha hecho, de los pensamientos que ha tenido. Si la resultante es tal que tiene que fabricar un nuevo cuerpo para más experiencias, irá con los padres que estén listos para suministrarle el material adecuado para ese cuerpo. Por lo tanto, de cuerpo en cuerpo irá a veces al cielo y de vuelta a la Tierra convirtiéndose en hombre o en algún animal inferior. Continuará de esta forma hasta que termine su experiencia y complete el círculo. Si entonces comprende su propia naturaleza, sabe qué es y desaparece la ignorancia, sus poderes serán visibles, será perfecto; no habrá más necesidad de que el alma trabaje mediante cuerpos físicos, ni habrá necesidad alguna para que el alma trabaje con cuerpos más finos o mentales. Brilla en su propia luz y es libre, para no nacer más, no morir más.

Ahora entraremos en los detalles. Pero te presentaré un punto más con respecto a esta teoría del renacimiento. Es la teoría que anticipa la libertad del alma humana. Es la teoría que no culpa a alguien más de todas nuestras debilidades, que es una falacia humana común. No vemos nuestros propios errores; los ojos no se ven a sí mismos, ven los ojos de alguien más. Los seres humanos somos muy lentos en reconocer nuestras debilidades, nuestras fallas, mientras podamos echar la culpa a alguien más. Los hombres, en general, echan la culpa de la vida en sus compañeros o, si eso falla, en Dios, o conjuran un fantasma y dicen que es el destino. ¿Dónde está el destino y quién es? Cosechamos lo que sembramos. Somos los creadores de nuestro destino. Nadie más tiene la culpa, nadie más tiene la alabanza. El viento sopla; los barcos que tienen las velas extendidas, lo atrapan y siguen su camino, pero los que tienen las velas dobladas, no atrapan el viento. ¿Es falla del viento? ¿Es falla del misericordioso padre, cuyo viento de misericordia no conoce disminución, es su error que algunos seamos felices y algunos infelices? Nosotros hacemos nuestro propio destino. Su sol brilla para los débiles igual que para los fuertes. Su viento sopla para todos los santos y los pecadores por igual. Es el Señor de todo, el padre de todos, misericordioso e imparcial. ¿Quieres decir que Él, el Señor de la creación, observa las nimiedades de nuestra vida en la misma forma que nosotros? ¡Qué idea degenerada de Dios sería! Somos como pequeños cachorros, con luchas de vida o muerte y pensando tontamente que incluso Dios mismo lo tomará tan en serio como nosotros. Él sabe qué significan los juegos de los cachorros. Nuestros intentos de culparlo, convirtiéndolo en el castigador y en quien da las recompensas son sólo estúpidos.

Karma yoga y transmigración

El estudiante de Gita puede estar mediando en la condición de la transmigración, a la luz de *"karma yoga* y *karma sanyas"*. Si sentimos que nunca le dedicamos un pensamiento, entonces es deseable pensar al respecto, ya que no existe ningún otro problema en el mundo que saber de eso, lo cual exige prioridad. El *karma yoga* es la actividad con toda la intención y contenido, pero sin la expectativa de un resultado final particular, que se supone sigue esa empresa, la comprensión específica. Sin embargo, vemos que ningún átomo se mueve sin motivo. Todas las causas tienen sus propios efectos y todos los efectos tienen sus causas inherentes. Las acciones son buenas o malas por las intenciones que las acompañan, la objetividad y el compromiso. La acción por sí misma no es buena ni mala, pero se vuelve una con nuestro deseo específico que la motiva. El deseo es uno, el cual nos ata a la rueda de *samsāra*. Cuando se elimina el deseo, se quema la cuerda que nos sujeta, queda la marca del nudo pero no tiene la fuerza para atarnos. Por lo tanto, se debe atender el *Karma* del *karma yoga,* sin tomar en cuenta los frutos de eso.

Ahora hablaremos de la técnica que se debe imbuir mientras se realiza la acción para convertir el *karma* en *karma yoga*. Se debe convencer a la mente de que todas las actividades que se están llevando a cabo son actividades del Señor y el ser individual sólo es un engrane en la rueda, o el sirviente de Dios. La acción se debería llevar a cabo sólo por el *yajna* en sí; libre de compromiso, como si fuera un acto de sacrificio y autodedicación, que es la ley inviolable de la naturaleza. El servicio desinteresado por el bien general es adoración del Señor, aumentando así la riqueza del país. La acción se lleva a cabo por la acción sola con una actitud de deber hacia el Señor, el país y la sociedad. Cuando todos estos pensamientos se ponen detrás de la acción, la acción se convierte en inacción en lo que se refiere al *karma* del individuo y ese hombre es un *karma yogui* del Bhagavad Gita.

De nuevo, las acciones se realizan, para ser ejemplo e inspiración de aquellos que pueden seguir el ejemplo después, lo cual se convierte en el sendero a aseguir y en ofrendas al Dios como veneración con la flor. El resultado, que le sigue, es ser aceptado como *"prasad"*, los restos de las oblaciones ofrecidas en el fuego y esta actitud se recomienda para el *karma yoga*. La comparación entre *karma yoga* y *karma sanyasa*, es que el *karma yoga* proporciona una amplia experiencia hacia la perfección, mientras que *karma sanyasa* carece de estas experiencias, del paso por la evolución.

¿Cuáles son los elementos funcionales en *karma sanyasa*? *Karma sanyasa*, que culmina en *Jnana*; el conocimiento es conocido por el nombre de *karma sanyasa*. Es la teoría y la práctica, que debe estar relacionada, y ser más interdependiente de lo que es el *karma yoga* con *karma sanyasa*. Para dejarlo más claro, es la comprensión correcta que conduce a hacer lo correcto y hacer lo correcto produce el conocimiento correcto. Ésta es la cualidad de ser intercambiables entre ellos. Para ser más preciso, *Sanyasa* es renunciar a *sankalpa*, que no es funcional para la práctica del *yoga*. Esto hace que *sanyasa, sankalpa* y *karma yoga* sean idénticos.

La meditación profunda es la actividad del *yogui* para alcanzar la sublimidad del ser que es la forma de llevar a cabo el trabajo externo a la perfección. La autodisciplina es el medio para el autocontrol, que es la consolidación de la mente y los sentidos, el estado dc equilibrio o el establecimiento de nuestro propio ser. El *sanyasa yoga* del quinto capítulo está diseñado para la vida activa del jefe de casa con compromiso interno, al que se conoce como "*Vidvat sanyasa*", para la purificación de la mente y consagrar con él sus valores y virtudes de disciplinas para regular y balancear la vida.

El reflejo de los capítulos 3, 5 y 6 del Bhagavad Gita sobre *karma yoga, vidvat sanyasa* y *sadhana* son los temas de la investigación de *Jiva* [*tvam pada vicara*]. Eso no nos libera, pero mejora nuestra salud mental, de manera que la acción del cuerpo no es poseída por la mente, que es una condición normal para la acción. El hombre llega a tener predominio *satvico.* Por lo tanto, cuando todavía está regido por la ley de causa y efecto, la causa es noble y también lo es el resultado. La cadena, esté hecha de hierro o de oro, sigue siendo cadena, que sujeta al hombre al *karma.* El individuo deberá nacer en una condición gratificante, un *loka* más elevado o tal vez como dios o ángel. Después de disfrutar la vida más elevado, cuando se agota el efecto, vuelve al mundo de la mortalidad. Aquí se describe en forma vívida y hermosa el viaje transmigratorio al cielo y de vuelta. El papalote se eleva en lo alto del cielo y cae, cuando la cuerda se rompe en algún punto de acuerdo al viento y las fuerzas gravitatorias.

ते तं भुक्त्वा स्वर्गलोकं विशालं क्षीणे पुण्ये मर्त्यलोकं विशन्ति ।
एवं त्रयी धर्ममनुप्रपन्ना गतागतं कामकामा लभन्ते ॥

El mensaje es claro de que el *karma yogui* no está libre del proceso de retirada del mundo al otro sino que sólo un *Jnani,* el alma liberada [*Jiva*]. El *karma yogui* retiene el ego de "hacedor". Con ese mismo ego ofrece las acciones al Señor o sirve a la sociedad y se vuelve el portador de la antorcha. Mientras exista dualidad, no podemos liberarnos de la relación de nacimiento y muerte, la ley de la transmigración del alma encarnada.

Apéndice

Caso de Memoria del Pasado

Aquí se reproduce una experiencia personal de Swami Satprakashananda de R. K. Math en su libro titulado: "¿Cómo renace un hombre?"

Podría no estar fuera de lugar registrar el conocimiento personal de un caso auténtico de memoria intuitiva de la vida pasada. En 1935, cuando estaba en Nueva Delhi, escuché de un amigo confiable, maestro de sánscrito en preparatoria, que una niña brahmán de nueve años, de nombre Shanti Devi, que había vivido con sus padres en la ciudad vieja, tenía memorias de su vida pasada desde que era pequeña. El secretario de YMCA, me pidió personalmente que investigara el asunto y determinara la verdad. Pero por mi ocupación previa como líder de Ramakrishna Ashram en Nueva Delhi, no pude aceptar la investigación. No mucho después tuve que dejar la ciudad para hacer arreglos para mi viaje a Estados Unidos.

Reuní de diferentes fuentes que desde que la niña tenía cinco años de edad, hacía afirmaciones de tiempo en tiempo respecto a ciertos alimentos y vestidos, "ya que he comido esto antes, ya me he puesto esto antes". La madre prestó poca atención a la charla de la niña. Pero cuando creció, hablaba en forma más clara de sus experiencias en la vida pasada. A menudo aseguraba que había vivido en Mathura [una ciudad a unos 240 kilómetros al sudeste de Delhi], que su marido era un comerciante de ropa, que recordaba su nombre pero que no lo daría [porque como regla, una mujer ortodoxa hindú no pronuncia el nombre del marido]. Un tío abuelo obtuvo de ella el nombre y dirección del marido, que no era brahmán, y que incluso fue a Delhi cuando se le relató el caso. Lo acompañaba su hijo, que era un año mayor que Shanti Devi. Cuando ella vio al hijo quedó muy conmovida.

Al investigar, se supo que la madre de este niño murió en un hospital en Mathura en 1925, poco después de dar a luz al hijo. Shanti Devi nació en Delhi en 1926. Para verificar el caso, un grupo de alrededor de diez ciudadanos sobresalientes, incluyendo al editor de un periódico local, un comisionado de la municipalidad de Delhi y un profesor universitario, fueron en tren a Mathura acompañados por Shanti Devi, quien nunca antes había estado ahí en esta vida. Descubrieron que Shanti Devi conocía bien el lugar y sabía muchos detalles de la casa en que afirmaba había vivido en su vida pasada. También visitó a sus padres previos y no tuvo dificultades en encontrar la casa en que todavía vivían.

Esto es para mostrar que el renacimiento también conserva la memoria del pasado, el tema dice mucho sobre la validez del renacimiento en ciertas circunstancias.

Referencias

1. Una historia de la filosofía occidental.
Por Bertrand Russell, Simm & Schuster, Nueva York

2. Bosquejos de la filosofía hindú.
Por Hiriyanna, Motilal Babarsidas, Nueva Delhi

3. Filosofía y Religión Hindú.
Por Bibhu Padhi, D. K. Print World, Nueva Delhi

4. La Doctrina del Karma.
Por Swami Abhedananda, Ramakrishna Publications

5. Brhadaranyaka Upanisad.
Traducido por Swami Madhavananda, R. K.

6. Bhagavad Gita.
Por Swami Chidbhananda, R. K. Publications

7. Vida después de la muerte.
Por Swami Vivejananda, R. K. Publications

8. Svetasvatara Upanisad.
Traducción de Swami Gambhirananda, Advaita Ashrama

9. Tradición sobre el Ocultismo.
Por M. P. Pandit, Sterling Publishers, Nueva Delhi

10. Upadesa Sahasri.
Por Sri Sankaracarya, R. K. Publications

Glosario

Advita	No dualidad; escuela de la filosofía Vedānta que enseña la condición ser uno de Dios, el alma y el universo.
Adhisthanam	Sustrato.
Agnihotra	Sacrificio védico en que se ofrecen oblaciones al dios Fuego.
Ahamkara	Ego o conciencia de "yo"; una de las funciones del órgano interno.
Ajnana	Término en la filosofía Vedānta que significa ignorancia, individual o cósmica.
Akasa	El primero de los cinco elementos materiales que constituyen el universo.
Ananda	Dicha.
Annamayakosa	La vaina física burda.

Asura	Demonio.
Ātma	El Ser, o el alma; indica también el alma suprema.
Avidya	Término de la filosofía Vedānta que significa ignorancia.
Brahmaloka	El plano de Brahma, que corresponde más o menos al cielo más elevado de las religiones dualistas, donde las almas afortunadas se retiran después de la muerte y disfrutan de comunión espiritual con el Dios Personal.
Brahmán	El Absoluto; la realidad Suprema del Vedānta No Dualista.
Buddhi	La facultad determinativa de la mente, que toma decisiones; a veces se traduce como intelecto.
Dharma	Rectitud, deber.
Golakam	Órgano físico.
Guna	Cualidades de la naturaleza.
Gurú	Maestro espiritual.
Isvara	Dios personal.
Jiva	El alma individual.
Jnana	Conocimiento de la realidad.

Karma	Acción en general; deber; veneración ritualista.
Kosa	Vaina o cobertura. De acuerdo a la filosofía Vedānta, existen cinco kosas.
Linga	Símbolo del dios Shiva.
Manomaya Kosa	La vaina de la mente.
Mantra	Texto sánscrito sagrado.
Maya	Término de la filosofía Vedānta que indica ignorancia que oscurece la visión de la Realidad; la ilusión cósmica.
Moksa	Liberación.
Nirguna Brahmán	Brahmán sin atributos.
Pralaya	Diluvio.
Prakrti	Naturaleza primordial; el sustrato material de la creación.
Prarabdha karma	Acción realizada en la vida previa que ha empezado a dar fruto en la vida presente.
Puranas	Libros de la mitología hindú.

Saguna Brahmán	Lo Absoluto concebido por el Creador, Preservador y Destructor del universo.
Samskara	Cultura.
Samsāra	El mundo de cambio y llegar a ser; el mundo relativo.
Sruti	Los Vedas.
Sraddha	Ceremonia relacionada con los ancestros de tres generaciones.
Upadhi	Término de la filosofía Vedānta que indica una limitación impuesta en uno mismo o en Brahmán por ignorancia.
Vasana	Impresiones.
Yajna	Fuego ritual.
Yogabhrsta	Hombre que ha caído de su meta.